이순신 레인보우 리더십

이순신 레인보우 리더십

초판 1쇄 펴낸날 | 2008년 6월 23일
초판 2쇄 펴낸날 | 2008년 9월 18일

지은이 | 전도근 김형준
펴낸이 | 이금석

마케팅 | 곽순식 김선곤
물류지원 | 현란
기획·편집 | 한혜진
디자인 | 김미언

펴낸곳 | 도서출판 무한
등록일 | 1993년 4월 2일
등록번호 | 제3-468호

주소 | 서울 마포구 서교동 469-19
전화 | 02)322-6144
팩스 | 02)325-6143
홈페이지 | www.muhan-book.co.kr
e-mail | muhan7@muhan-book.co.kr

가격 11,000원
ISBN 978-89-5601-220-9(13320)

이순신 레인보우 리더십

Rainbow Leadership

전도근 김형준 지음

무한

머리말

무지개Rainbow는 비가 그친 후에 태양의 반대쪽 하늘에 여러 색깔들이 어우러져 아름답고 신비한 빛을 발산하는 띠를 말한다. 무지개는 비가 그친 후 나타나는 자연적인 현상이지만 사람의 가슴을 환하게 만들어 주는 역할을 한다. 무지개는 사람들에게 꿈을 상징하기도 하고 희망을 나타내기도 한다. 문화마다 무지개를 구성하는 개수는 다르다.

무지개를 구성하고 있는 색들은 나라마다 다양하지만 크게 용기를 상징하는 빨강과 배려를 상징하는 주황, 지혜를 상징하는 노랑, 희망을 상징하는 초록, 신뢰를 상징하는 파랑, 비전을 상징하는 남색, 신념을 상징하는 보라 등 7가지로 구성되어 있다. 결국 무지개는 우리에게 용기를 주고, 배려를 배우게 하고, 지혜와 희망을 주고, 비전과 신념을 갖게 한다.

우리 역사에는 무지개와 같이 우울한 시대에 사람들에게 희망을 준 위인이 있었다. 그 중 한사람이 바로 충무공 이순신이다. 마치 무지개가 비가 그친 후 맑은 하늘에 나타나는 희망인 것처럼, 이순신은 당시 우울한 절망의 시기에 조선의 하늘에 희망으로 나타났다. 무지개가 모진 비바람 뒤에 나타나는 것이기에 가치가 높았듯이 이순신도 그랬다.

이순신은 혼란의 시대에 고단한 삶을 살았다. 당쟁으로 분열된 시대의 한가운데 태어나, 32세의 늦은 나이로 관직에 나가 북방을 수시로 위협하던 여진족에 맞서고, 권력욕과 부패로 얼룩진 정치권에 의하여 희생을 당하고, 마지막에는 조선을 침범해 온 왜적을 향해 장렬하게 목숨을 던졌다.

이순신은 무인으로 관직을 시작하여 23년간 3번의 파직을 당하고, 1번의 사형 선고를 받았으며, 2번의 백의종군을 겪는 수모와 고통을 당하면서도 자신의 꿈과 희망을 지켜냈다. 권력에 굴하지 않는 용기와, 스스로 옳다고 믿는 신념을 가지고 맡은 일에 최선을 다하고, 희망을 잃어버린 백성을 높이 섬기는 배려를 하였으며, 자신을 모함하는 소리에도 의지를 굽히지 않고 오직 바른 길을 걸었다. 이순신은 여수의 전라좌수사로 부임한 지 1년 2개월 만에 수군을 굳건하게 키워내고, 거북선을 만들어 전쟁에 대비하여 23전 23승을 하는 지혜를 가졌다.

이순신은 늦은 나이에 관직에 나가 곧은 마음 때문에 상사에게 박해와 파면을 당했지만 후회하지 않았다. 공들여 가꿔놓은 조선의 수군을 원균이 하루아침에 잿더미로 만들고 열두 척의 배만 남았지만 절망하지 않았다. 자신을 박해하던 조정과 대신들을 미워하지도 않았다. 승리를 계속했지만 모함으로 조정에 불려가 모진 고문과 사형선고를 받고 백의종군을 해도 모진 자신의 인생을 한탄하지 않았다. 12척의 배로 수백 척의 적을 물리치면서도 자신이 가진 배나 군인이 적다고 하지 않았다. 전쟁 통에 자신의 사랑하는 두 아들의 전사 소식을 듣고도 좌절하지 않았다. 다만 그에게는 사랑하는 홀어머니에 대한 효심과 나라를 걱정하는 충성심만이 가득했다. 이순신의 삶 자체가 바로 우리가 그토록 바라던 무지개였던 것이다.

이순신의 전사는 세계의 그 어떤 전사보다 대단했던 것으로 기록되었으며, 세계의 명장들은 이순신의 전사를 배우고 위대한 인간성에 흠모하고 있다.

이 책은 이순신의 탄생에서부터 죽음까지의 삶을 조망하여 우리에게 주는 용기, 배려, 지혜, 희망, 신뢰, 비전, 신념 등 7가지를 차례로 분석하였다. 이 책을 통해 우리나라의 정치인들은 이순신의 국난을 극복하려는 충절을 본받았으면 좋겠다. CEO는 어떠한 역경 속에서도 뚫고 나갈 수 있는 이순신의 리더십을 배웠으면 좋겠다. 자라나는 아이들과 청소년은 이순신의 남다른 효심과 리더십을 배워갔으면 좋겠다. 절망에 빠져있는 사람들은 절망 속에서도 꿈을 버리지 않은 이순신의 희망을 배웠으면 좋겠다. 그래서 우리나라가 고민, 좌절, 비겁, 권모술수, 나약함, 절망, 포기, 불가능이라는 단어가 없어지는 세상이 되었으면 하는 소박한 마음으로 이 책을 썼다.

Contents

 레드 이순신의 **용기와 도전**

01 이순신의 용기에는 어머니와 손자가 있었다 15

02 용기는 위기가 클수록 커진다 18

03 애국정신이 조선을 구하다 21

04 죽음을 각오한 용기 앞에 불가능은 없다 24

05 끊임없는 도전이 성공을 가져왔다 29

06 나의 죽음을 알리지 말라 33

07 위기와 기회는 동전의 양면이다 36

08 용기는 찾아오는 것이 아니라 스스로 만드는 것이다 39

09 명량해전의 성공은 용감함에서 시작된다 41

 오렌지 이순신의 **배려**

01 백성을 향한 배려가 존경을 만든다 49

02 부하에 대한 배려가 승리를 만든다 52

03 배려는 먼저 들음에서 시작된다 56

04 장수 배설에게 끊임없는 배려를 주다 60

05 가족에게 사랑과 배려를 보여주다 65

06 군사들을 위한 배려를 하다 70

07 배려로 명나라 수군 도독 진린을 감동시키다 74

08 죽음 앞에서도 나라를 위해 목숨으로 배려하다 77

Yellow 옐로우 이순신의 지혜

01 유비무환의 지혜로 나라를 구하다 83

02 지혜로운 해전으로 백성을 보살피다 87

03 23전 23승은 지혜에서 나왔다 90

04 해전의 승리는 SWOT분석에서 나왔다 94

05 힘은 속도에서 나온다 97

06 인재등용은 능력에 따르라 100

07 거북선은 지혜의 산물이다 103

08 지혜로 일본의 간계를 이기다 107

09 기존의 것은 다 바꾸어라 110

10 이순신의 지혜는 여수에서 출발했다 114

Green 그린 이순신의 희망

01 조선의 희망 이순신 121

02 옥포해전은 희망의 시작이었다 125

03 세상이 알아주지 않아도 희망은 있다 129

04 나에겐 절망할 시간이 없다 133

05 희망은 준비하는 자의 것이다 137

06 절대 포기하지 마라 140

07 희망은 마치 길과 같다 144

08 일본의 희망을 한국의 희망이 꺾다 148

Blue 블루 이순신의 신뢰

01 배려가 신뢰의 원천이다 155

02 불신 속엔 분열이 시작된다 158

03 백성을 사랑하는 마음이 신뢰를 만들었다 161

04 강강술래는 백성과 만든 믿음의 춤이다 165

05 가정교육에서 터득한 신뢰감 169

06 이순신을 신뢰한 사람들 174

07 솔선수범이 신뢰를 가져왔다 177

08 승리에 대한 믿음이 불가능을 가능으로 바꾼다 181

deep Blue 딥 블루 이순신의 비전

01 비전으로 이억기를 감동시키다 187

02 참혹한 현실을 비전으로 인내하다 191

03 백의종군 중에도 비전을 만들다 194

04 의사소통을 통하여 비전을 공유하다 198

05 조선 조정은 비전이 없었다 201

06 비전없는 지도자는 백성을 절망에 빠지게 한다 204

07 여수의 선소에서 조선의 미래를 보다 207

Violet 바이올렛 이순신의 신념

01 강한 믿음이 승리로 이끌었다 213

02 애민의 신념이 승전의 원동력이 되었다 216

03 단결만이 승리한다 219

04 유비무환이 승전의 원동력이라고 믿었다 222

05 침착하게 준비하고 있어야 전쟁에 이긴다 225

06 공사가 분명해야 성공한다 228

07 학익진 전법에도 신념이 있다 231

08 우리 땅은 우리가 지켜야 한다 234

09 기록은 신념을 만든다 237

10 장검에 새겨진 이순신의 신념 240

11 명나라에 대한 신념이 있었다 243

부록

이순신과 거북선 248

이순신과 여수 254

이순신의 해전 269

이순신의 생애사 270

Red

이순신의 용기와 도전

이순신은 평생을 용기와 도전으로 살아간 인물이었다. 이순신의 인생은 고난과 역경의 연속이었지만 오랫동안 세상은 그를 알아주지 않았다. 그러나 이순신은 절망하지 않았다. 그는 모든 고난과 역경을 참고 인내하였으며 끊임없는 도전을 하였다.

이순신의 도전은 모든 전쟁을 승리로 이끌었다. 이순신의 승리는 결코 우연의 산물이 아니요, 요행(僥倖)의 결과는 더욱 아니다. 그것은 피눈물 나는 노력과 도전의 결정이요, 끊임없는 투쟁의 소산이었다. 이는 용감하지 않으면 안 되는 일이다.

이순신이 위대한 이유는 바로 용감하였기 때문이었다. 이순신은 세상의 그 어떤 것에 대한 두려움도 갖지 않았다. 자신을 질시하는 조정도, 조총으로 무장한 왜군도 무섭지 않았다. 그는 사명이 뚜렷하였기에 자신의 죽음은 물론 자신의 기구한 운명에 대해서도 두려워하거나 한탄하지 않았다.

그의 사명은 오직 국가에 충성하고 백성을 구하는데 있었기 때문이다. 그래서 그는 인간적인 아픔은 아무런 장애가 되지 않았다. 오히려 그러한 고통은 이순신을 강하게 키워냈고 꿈을 실현하기 위하여 당연히 건너야 할 장애물이라 생각하였다. 그래서 그의 용기와 도전이 위대한 것이다. 만약 자신의 이익을 위한 용기와 도전이었다면 후세의 누구도 이순신을 위대하다고 인정하지 않았을 것이다.

리더가 되기 위해서는 원대하고 뚜렷한 비전을 가져야 한다. 이 비전이 용기를 갖게 하고 또한 끊임없는 도전의 원동력이 된다. 사람이 쉽게 지치고 쉽게 포기하게 되는 이유는 바로 비전이 없거나 비전이 작기 때문이다.

이순신이 위대한 이유는 바로 큰 비전을 가지고 용감하게 도전하였기 때문이다.

이순신은 서기 1545년 4월 28일, 축복받은 화창한 봄
날에 서울의 남산 북쪽 기슭 건천동(지금의 인현동)의
이정이라는 한 선비의 집에 귀여운 사 형제 중 셋째 아들로 태어났다.
이순신의 증조 할아버지 이거는 병조 참의와 사헌부 장령을 지냈고,
할아버지 이백록은 평시서 봉사 벼슬을 지냈다. 그러나 할아버지가
벼슬을 지내던 무렵, 나라에서는 당파 싸움으로 인해 기묘사화가 일
어나 조광조를 비롯한 많은 충신이 억울하게 죽거나 벼슬을 빼앗기게
되었다. 이순신의 할아버지도 옳은 일을 하려다 오히려 누명을 쓰고
벼슬을 그만두게 되었다.
아버지 이정은 자기 아버지가 억울한 삶을 산 것을 보고 벼슬에 대
한 욕심을 버리고 동네 아이들을 가르치는 훈장을 하였다. 때문에 생
활이 넉넉하지는 않았지만 자식 교육에 소홀함이 없었다.

이순신의 어머니는 평소에는 매우 다정하고 자애로우신 분이었으나, 아이들의 교육만은 엄격하게 시키셨다. 특히, 아들들에게는 늘 남자다움을 잃지 말라고 가르치셨다.

"사내란 목이 달아나도 제 입으로 한 말은 지켜야 하며, 또한 나라를 위한 일이라면 온 집안의 목숨이 위태롭더라도 해야 한다. 그러지 않고서는 큰일을 이루지 못한다."라고 늘 가르쳤다.

이순신은 어머니의 가르침대로 어릴 때부터 용기있는 아이로 성장하였다. 이순신은 평생 동안 어머니에 대한 가르침을 따르려고 노력하였다. 그래서 집안일보다는 국가를 먼저 생각하게 되고, 모든 일에 용기를 내게 되었다.

이순신은 자라면서 고구려의 명장인 을지문덕 장군을 비롯하여 고려 때의 강감찬 장군, 그리고 수군을 강하게 길러 바다에서 왜구를 막아야 한다고 주장한 최영 장군 등 이름난 장수들의 위대하고 용감했던 이야기를 읽고 큰 감명을 받고 그들처럼 용감한 장수가 되고 싶어했다. 또한, 중국의 역사책인 자치통감과 사기를 읽으며 중국을 구성하였던 나라들에게 있어 군대의 역할이 얼마나 중요한가를 다시 한 번 깨닫게 된다.

군대의 힘이 약하면 언젠가는 다른 나라에 침략당하고 만다는 사실을 알게 되었다. 더구나 당시 조정의 관리들은 당파 싸움에만 정신이 팔려 나라일은 제대로 돌보지도 않고 있는 것을 알고 있었기에 조선의 앞날이 걱정되었다. 누군가 나라를 지켜야 한다는 사명을 깨닫게 된 것이다. 이러한 생각이 들수록 이순신은 무과 시험을 보아야겠다는 결심이 점점 더 굳어 갔다.

이순신은 무과 시험을 보기로 결심하고 손자병법을 읽고 구체적으로 전쟁에서 읽는 방법을 공부해나갔다. 손자병법 중에서도 이순신에게 가장 감명 깊었던 구절은 '전쟁을 이기기 위한 다섯 가지 근본'이었다. 손자의 전쟁을 이기기 위한 다섯 가지 근본을 보면 다음과 같다.

첫째, 도(道)를 지켜야 한다. 도란 올바른 길로 도를 지키면 백성의 뜻과 다스리는 사람의 뜻이 하나가 되게 만들어 어떠한 위험에도 두려움 없이 생사를 함께 하게 한다.

둘째, 천(天)을 알아야 한다. 천은 하늘로 적과 싸울 때에는 기후, 온도, 계절, 시간, 적의 사기 등을 고려해서 싸워야 이긴다.

셋째, 지(地)를 알아야 한다. 지는 땅으로 거리, 험함, 넓음, 높음 등 땅의 이롭고 해로움을 고려해서 싸워야 이긴다.

넷째, 장(長)이다. 장이란 대장을 말하며 대장은 뛰어난 슬기, 믿음, 용기, 위엄이 있어야 한다.

다섯째, 법(法)이 있어야 한다. 군대는 조직이 되어 있어야 하고, 규율이 있어야 하고, 병기를 갖추어야 한다.

손자는 이 다섯 가지 기본 조건 가운데 무엇 하나도 빠져서는 싸움에 이길 수 없다고 하였다. 이순신은 무장이 되어서 나라를 지키기 위해서는 손자의 글을 한 줄 한 줄 머릿속에 깊이 새겼다.

이순신이 용기있는 장군으로서 성공한 이유를 보면 어렸을 때부터 어머니의 가정교육을 통해 국가를 위해서는 죽음을 두려워하지 않는 용기를 배웠다. 또한 많은 인생의 스승인 명장들의 전사에서 그들의 용감함을 배웠고, 손자의 전쟁을 이기기 위한 다섯 가지 근본 바탕에서 지혜롭고 용감한 대장이 되어야 함을 배웠기 때문이다.

2 | 용기는 위기가 클수록 커진다

자신 있게 사는 사람은 자신의 인생을 바꿀 수 있지만 용감한 사람은 세상을 바꾼다. 세상은 용감한 사람들에 의하여 변화가 이루어져왔고 역사도 발달하였다. 새로운 것을 찾아서 탐험한 사람들에 의하여 신대륙이 발견되었고 험난한 오지의 지도가 만들어졌다. 새로운 것을 만들려는 과학자들에 의하여 우리의 삶을 지배하는 TV가 탄생하게 되었으며, 핸드폰이라는 문명의 이기가 나왔다.

사람들은 길을 가되 잘 닦여진 길로 가고자 한다. 그러나 용감한 사람들은 아무도 가지 않았던 길을 향해서 전진하는 것을 취미로 삼는다. 용감한 사람들은 남들이 다 가버린 길보다는 남들이 가지 않는 길을 더욱 선호하게 된다. 그것이 바로 용기이며 도전이다.

용감한 사람들이 가는 길은 평범한 사람들이 가지 못하는 길이기에 가치 있는 것이며, 평범한 길을 가고자 하는 사람들에게 자기와 다른 길을 간다는 이유로 비난이나 질투를 받기도 한다. 용감한 사람들에게 비난이나 질투는 항상 그림자처럼 따라 다닌다. 용감하다는 것은 남들이 다하는 쉬운 일이 아니기 때문에 후세에게 이름을 남길 권리를 준다. 역사 속에서는 남들이 가지 않는 길을 용감하게 가서 세상을 변화시키고 자신의 이름을 남긴 사람들이 많다. 그 중에서도 우리 역사를 구원하고 세계 전사에 길이 이름을 남긴 성웅 이순신은 가장 용감한 사람이라고 할 수 있다.

이순신은 임진왜란이 일어나 연전연패를 하던 조선에게 최초의 승리를 이루어내 국민들에게 희망을 주었다. 뿐만 아니라 조총으로 무장한 강력한 왜군을 본국으로 돌아갈 수밖에 하여 만들어 조선을 구하였다. 당시 조선 백성들은 일본을 막아내는 것이 불가능하다고 생각하여 자포자기했었다. 그러나 조선에는 이순신이라는 용감한 장수가 있었기에 조선의 역사를 이어갈 수 있었다.

이순신은 일본의 침략을 예견하고 있었기에 전라 좌수영에서 거북선을 만들며, 무기와 군사를 정비하였다. 그러나 조정에서는 일본의 침략을 준비하기 보다는 당파로 나누어 서로를 헐뜯고 모략하는 일을 더욱 즐겨하였다. 그러기에 전쟁을 준비하는 이순신의 모습은 한낱 비웃음거리에 불과할 뿐이었다. 하다못해 그의 부하들도 이순신의 행동에 대하여 비아냥거렸다. 그러나 이순신은 어떤 비난에도 굴하지 않고 일본이 침략하는 날만을 기다리며 전쟁을 준비하였다.

이순신도 인간이기에 많은 인간적인 고뇌를 한 흔적들은 기록을 통해서 볼 수가 있다. 그러나 고뇌가 깊을수록 자신의 능력을 믿었으며, 어떠한 어려움이나 고난도 이겨내야겠다는 강한 용기가 있었던 것이다. 결국 일본은 침략하였고, 이순신의 준비 앞에 일본은 무릎을 꿇을 수밖에 없었다. 이순신이 위대한 것은 일본을 이겨낸 것도 중요하지만 자신과 주변의 질타에도 용감하게 목표를 달성하기 위하여 노력했다는 것이다.

이순신이 당시의 다른 장수들과 같이 아무 생각 없이 무사 안일하게 있었거나 전쟁에서 이긴 사례가 많다면 이순신의 업적 또한 낮게 평가되었을 것이다. 또한 임진왜란이라는 전쟁이 없었다면 이순신도 없었을 것이다. 그러나 이순신의 도전은 아무도 하지 못한 일을 했기 때문에 유일하다는 희소성의 가치와 함께 가치가 높아지게 된 것이다. 일본의 침략은 남들에게 위기였지만 이순신에게는 오히려 기회였던 것이다.

임진왜란이라는 위기가 이순신에게 왜군을 이길 수 있는 기회를 준 것이다. 그 기회도 보통 기회가 아니라 신무기인 조총으로 무장한 왜군의 세력이 강했기 때문에 위기가 컸기 때문에 기회도 컸던 것이다.

용감한 사람과 똑똑한 사람은 분명히 다르다. 똑똑한 사람은 자신이 원하는 것을 얻기 위해 노력하고 결국은 개인적으로 원하는 것을 얻지만, 용감한 사람은 세상을 위해서 도전하고 결국은 세상을 변화시킨다. 그러기에 그들은 세상에 이름을 남기고 그래서 행운은 용감한 사람들의 것이다.

열정은 도전의 원동력이다. 성공에 이르는 과정에서 도사리고 있는 수많은 난관과 시련이 있다. 그래서 많은 사람들은 수많은 난관과 시련을 이겨내지 못하고 포기하게 만드는 원인이 된다. 따라서 실패와 좌절 속에서 자신의 원래의 꿈을 목표에 도달할 때까지 도전할 수 있는 힘, 그 힘은 바로 열정에서 온다. 열정은 불타오르는 세찬 감정을 말한다.

주변을 돌아보면 거의 실현 불가능한 것처럼 보이는 목표의 실현을 위해 무모하리만큼 저돌적으로 돌진하는 사람이 있는가 하면 별로 대단하지도 않은 난관 앞에서 주저앉아 무기력하게 하루하루를 보내는 사람도 있다.

"왜 이런 차이가 생기는 것일까?" 달리 말하면 "열정의 크기나 강도가 왜 사람마다 다른 것인가?" 이에 대한 해답을 얻기 위해서는 열정이라는 것이 도대체 무엇에 기인하여 생기는 것인가를 살펴 봐야 한다.

역사를 바꾼 사람들의 열정은 바로 사명감을 통해 생겨난다. 인류를 구원하기 위해 십자가에 못 박힌 예수, 평생을 헐벗고 가난한 사람을 위해 헌신했던 테레사 수녀, 그리고 혁명가로 살다 39세의 젊은 나이에 이국땅 남미 볼리비아에서 죽음을 맞이한 체 게바라 같은 사람들이 그 좋은 예가 될 것이다. 우리에게는 나라를 지켜야 한다는 사명감으로 일생을 열정으로 사신 이순신이 있다.

그의 난중일기를 보면 여러 곳에서 이순신의 우국충정을 볼 수 있다.

이순신은 임진왜란 도중에 한산도(경남 통영소재) 제승당에 주둔을 하면서 지은 시조 중에 "한산섬 달이 밝은 밤에"가 있다. 이 작품에는 이순신의 나라에 대한 깊은 우수와 고뇌를 담고 있다. 조정은 전란중인데도 파쟁을 일삼고, 나라의 운명은 한치 앞을 가늠할 수 없을 때, 홀로 적군에 맞서고 있는 장수의 마음 풍경이 고스란히 드러나 있다.

절대적인 열세에서 몸을 일으켜 나라를 구해낸 이순신의 위대한 힘의 원천에는 나라를 사랑하는 열정이 있었다는 것을 알 수 있다.

이순신의 나라에 대한 열정은 두 번이나 백의종군을 억울하게 당했으면서도 자신을 그렇게 만든 조정이나 선조에 대하여 한 번도 불평하거나 표현하지 않았

수루에 걸려있는 장군의 유명한 시조현판

다. 그것은 바로 국가를 지켜야 한다는 사명감이 더욱 컸기 때문이었다. 사명감이 컸기 때문에 바람에 앞에 등불 같은 조선을 지켜야겠다는 강한 열정을 가지게 되었고 그 열정은 도전으로 나타난 것이다.

 역사를 바꾼 사람들은 자신에게 부여되었다고 생각하는 사명의 완수를 위해 때로는 보통 사람들이 열망하는 안락과 부귀까지 희생하면서 불타는 열정으로 삶을 꾸려나간다. 그들에게 희생은 생각조차 별로 없다.

 희생이란 누군가를 위해 자신의 삶의 일부를 포기하는 것이지만 그들은 달성하고자 하는 사명의 실현을 위해 일하는 그 자체가 자신의 삶을 보다 충실하게 하는 것이라고 생각하기 때문이다. 개인을 구원하고 사회를 바꾸고, 새 시대를 열어간다는 사명감이 그들로 하여금 고난이나 역경에도 굴하지 않고 목표실현을 위해 나아가는 열정을 불러일으키는 것이다.

 개인을 구원하고 사회를 바꾸고 새 시대를 열어가기 위해서는 먼저 열정의 원천을 집중시키는 전략이 필요하다. 호기심 가는 것이 이익도 되고 사명감도 느낄 수 있는 일이라면 더없이 좋을 것이다. 그러나 세상만사 그렇게 좋은 일만 있을 수는 없다. 또 자신의 능력이 충분하다면 이익이 되는 일도 하고 호기심이 가는 일도 하고 사명감을 느낄 수 있는 일도 하면 좋겠지만 아쉽게도 대부분의 사람들은 그럴만한 능력을 가지고 있지 못하다. 그렇다면 답은 뻔하다. 열정을 쏟을 대상을 어느 하나로 집중하는 것이 좋다.

4 | 죽음을 각오한 용기 앞에 불가능은 없다

독서를 통해서 전쟁 수행에 도움을 받아 불가능을 가능하게 한 나폴레옹은 '나의 사전에는 불가능은 없다'고 하였다. 도전은 남들이 하지 않은 일에 도전할수록 가치가 높다. 사람들은 남들이 이미 이루어 놓은 일이나 자신이 해본 경험이 있는 일이라면 가능한 일이라고 생각하지만, 그렇지 않으면 불가능한 일이라고 마음의 결정을 하고 포기하기 쉽다.

세상에 불가능한 일이 있다면 그것 자체로 인생은 절망적이다. 특히 도전이라는 단어가 없어질 것이다. 그러나 인류 역사는 불가능이라는 말을 믿지 않는 사람들에 의해 불가능이란 단어가 가능이라는 단어로 바뀌게 되었고 사회는 발전하여 왔다. 지금 우리가 살고 있는 사회는 일반인들의 상식 속에서는 도저히 건널 수 없다는 불가능의 강을 건너고, 도저히 이룰 수 없다는 불가능의 산에 도전했던 사람들에 의해 창조된 것이다. 지금 이시간에도 세계의 곳곳에서 도전하는 사람들로 인하여 지금 우리가 생각하는 가능과 불가능의 판단 기준도 상향 조정되고 있기 때문이다. 한 광고 문구를 보면 다음과 같은 글이 있다.

> 불가능, 그것은 아무것도 아니다.
> 불가능, 그것은 나약한 사람들의 핑계에 불과하다.
> 불가능, 그것은 사실이 아니라 하나의 의견일 뿐이다.
> 불가능, 그것은 영원한 것이 아니라, 일시적인 것이다.
> 불가능, 그것은 도전할 수 있는 가능성을 의미한다.
> 불가능, 그것은 아무것도 아니다.

결국 불가능이란 나약한 사람들이 도전하는 것이 어렵기 때문에 자신들의 포기를 정당화하기 위해 사용하는 단어라는 것이다. 더욱이 불가능하다는 것은 다수의 의견이 아니라 소수의 의견이며, 만약 불가능한 것이 있어도 그것은 일시적인 것이지 영원한 것은 아니라는 것이다. 오히려 불가능이 있기 때문에 도전할 수 있는 가능성을 준다는 요지이다.

이미 남들이 할 수 있었던 일을 하는 것은 굳이 챌린저라고 하지 않는다. 챌린저는 남들이 불가능이라고 쓰인 말 앞의 '불' 자를 떼어 버리고 '가능' 으로 바꿀 수 있는 능력이 있어야 한다. 남들이 하지 못하는 일에 대하여 도전 정신을 발휘해야 희소가치가 높아질 것이다.

지금까지 경영자들 중에 특히 현존하는 경영자들 중 위대한 혹은 존경받는 사람을 꼽으라면 많은 사람들이 잭 웰치를 꼽는다. 몸집만 크고 둔한 GE를 세계최고의 기업으로 만든 그의 경영능력을 보았을 때 그는 충분히 인정받고 존경받을 자격이 있다.

그의 성공 원인은 무엇보다도 뛰어난 경영능력도 있겠지만 남들은 변화가 불가능할 것으로 생각했던 전통적인 GE에 대 변혁을 감행했기 때문이다. 그는 대대적인 구조조정에 들어갔고 GE의 모든 사업을 승자와 패자로 구분해서 승자의 사업부분은 집중 투자하여 육성하고, 패자의 사업부분은 매각, 합병, 폐쇄 등의 길을 걷게 했다.

구조조정 과정에서 232개의 생산라인이 멈추고 73개의 공장이 폐쇄하여 전체 직원 40만 명 중 18만 명이 직장을 잃게 되었다. 이러한 결과 잭 웰치는 중성자탄이라는 말을 들으며 그동안 아무도 하지 않았던 도전을 한 것이다. 결과적으로는 GE를 세계최고의 기업으로 만들었기 때문에 그가 존경받는 CEO가 되었다고 생각한다.

외국에는 잭 웰치라는 챌린저가 있었다면 우리에게는 이순신이 있었다. 이순신은 고문을 당한 채로 풀려나 백의종군을 할 때 원균의 패전소식을 들었으며, 다급해진 선조와 조선 조정은 다시 이순신을 삼도수군통제사로 임명시켰다. 그러나 상황은 최악이었다.

이순신의 군량차단으로 인하여 극도로 발악한 일본군이 전 조선의 마을을 돌며 약탈을 자행하여 모든 경제력은 일본군의 손 안에 들어가 있었다. 이순신은 교지를 받자마자 전라도의 전 고을을 돌며 일본군이 아직 약탈하지 않은 관청의 군량미를 확보하고 백성들과 군사들을 모았다.

사랑하는 군사들은 이미 대부분 죽임을 당했으며, 애써서 만들어 놓았던 거북선과 판옥선은 12척을 남기고 다 잃었다. 남아 있던 1,000여 명의 병사들 중 반 이상이 신병들이었기에 훈련을 제대로 받지도 못하였으며, 해군 장수들 반 이상이 이순신 편이 아니었으며, 더욱이 원균의 패배로 패배의식 뿐만 아니라 사기도 바닥이었다. 따라서 병사들은 전의를 상실하여 도망가기 바빴고, 백성들은 불안에 떨었다. 선조는 이순신에게 수군을 없애고 육군에 합류하라는 지시를 내렸다. 이에 대해 이순신은 임금에게 다음과 같이 장계를 올렸다.

"임진왜란이 터진 이래 5, 6년간 적이 감히 호남과 호서에 쳐들어오지 못한 이유는 우리나라 수군이 적의 수군을 막았기 때문입니다. 지금 신에게는 아직도 12척의 전선이 있으므로 죽을 힘을 다해 싸우면 적의 진격을 막을 수 있습니다. 만일 지금 수군을 폐하시면 적이 바라는 대로 되는 것이며, 전하의 적들은 호남과 호서의 연해안을 돌아 한강으로 들어가 전하에게 갈 것이므로, 신은 이것을 두려워하지 않을 수 없습니다. 전선의 수가 적고 미미한 신하에 불과하지만, 신의 몸이 아직 살아 있는 한 적이 감히 우리를 얕보지는 못할 것입니다."

13척의 전선으로 무려 133척의 전선을 상대한다는 것은 일반적으로 이해하기 어렵다. 손자병법 모공편에는 전력을 계산하여 현명하게 전투해야한다고 나와 있다. 적보다 10배 정도면 포위공격이 가능하고, 만약 매우 열세하면 능히 피해야 한다. 피하지 않고 끝까지 버티면 결국 대군의 포로가 된다고 했다.

조선전선과 왜군 전선의 전력비가 10배 이상 차이 나므로 왜군은 충분히 포위와 공격이 가능하며, 이를 상대하여 조선 수군이 끝까지 버틴다고 하면 포로가 되는 병법상의 논리이지만, 이순신은 이것을 극복해냈다. 우리는 여기서 바로 이순신의 불가능을 모르는 도전정신을 볼 수 있다.

결국 이순신은 겨우 13척의 배를 가지고, 적선 133척과의 대결에서 단 5명의 부상자만 발생하였고 적군은 30여 척이 격침당하였다. 이로 인해 서해안을 통해 서울로 가려는 왜적의 작전을 와해시켰다.

　13척의 전선으로는 패배할 수밖에 없다고 판단한 장수들은 도망가려하고 임금마저 전투를 포기하라고 명령할 정도로 위급한 상황에서도, 이순신은 "죽을 힘을 다해 싸우면 적 수군의 진격을 막을 수 있습니다." 라고 오히려 임금을 설득하여 전쟁을 승리로 이끌었던 것이다.

　이순신은 진정한 챌린저이다. 이순신을 둘러싼 주변의 상황은 최악이었지만 그는 주변의 상황에 굴복하지 않았고, 불가능하다고 생각하지 않고 가능하다는 생각을 가지고 명랑해전에 도전하였다. 불가능에 도전하여 가능으로 바꾸었기 때문에 역사는 이순신의 편을 들어 주었고, 역사에 남는 위대한 인물로 이름을 남기게 되었다.

현재의 생활에 안주하고 싶어 하는 사람일수록 변화를 싫어한다. 그러나 성공은 바로 변화를 의미한다. 따라서 성공 자체를 부담스럽게 생각하기도 하고 도전은 아예 생각하고 싶지 않은 단어로 인식할 수 있다. 그러나 변화를 기원하는 사람에게 도전은 바로 성공으로 연결해주는 지름길이다. 뿐만 아니라 성공의 크기는 도전의 크기에 비례한다. 즉 도전을 많이 할수록 성공의 크기가 커지는 것이다. 이순신의 위대함이 높은 이유는 이순신의 도전이 대단하기 때문이다.

이순신의 삶은 도전의 연속이었다. 이순신은 어릴 때부터 남다른 체격에 영특한 지혜가 있었으며, 당시 선비들도 당해내지 못할 정도로 탁월한 문장능력과 수려한 필체를 가졌었다. 주변 사람들은 이순신의 능력을 알고 문관으로 벼슬길을 가길 바라고 권했지만 이순신은 무관이 되겠다며 무술공부에 열중하였다.

무술공부를 6년 하였지만 낙방하고 4년 뒤에 다시 도전하여 32세에 드디어 무과시험에 합격하였다. 남들 같으면 자신이 잘할 수 있는 것을 가지고 편하게 살 수 있음에도 불구하고, 이순신은 새로운 분야에 도전을 결심하고 10년의 세월을 보내고 늦은 나이에 꿈을 이루었다.

이순신의 관직생활은 순탄하지 않았다. 처음 부임지는 지형이 너무 험해 새들도 드나들지 않는다는 함경도 삼수 땅의 권관(소대장)으로 부임하게 되었다. 그의 성실함으로 인하여 봉사(종 8품)의 지위에 오르게 되었지만 강직한 성격으로 인해 계속 상급자와 마찰을 갖게 됨에 따라 원하지 않는 전출과 하급관리로 전전하게 되고, 모함과 강등의 연속이었다. 그렇지만 이순신은 현실과 타협하지 않고 자신이 목표했던 올바른 관리가 되어야겠다는 마음으로 일관하였다. 결국 수많은 어려움이 있어도 타협하지 않아 1591년 47세에 겨우 전라좌수사로 임명받게 된다.

이순신은 책임자가 되어 예전처럼 상사와의 마찰은 줄었고, 자신이 할 수 있는 역량이 많아짐에 따라 전쟁준비에 몰두할 수 있었다. 결국 임진왜란이 일어나고 이순신의 눈부신 활약에 힘입어 남해안의 제해권을 완전히 장악하게 됨에 따라 이순신에 대한 관심이 증가하였다.

이순신은 제 1차 출전 이래 총 4차에 걸쳐 17회의 크고 작은 해전을 전개하여 적선을 격침시키거나 사로잡은 배가 207척이었고, 수리가 불가능할 정도로 대파한 적선은 152척이었다. 또한 왜병 33,780명을 전사시켰다. 이에 비해 조선해군은 단 한 척의 전선 손실도 없었고, 인명 손실은 전상, 전사자를 모두 합하여 243명에 그쳤다.

인류의 역사가 시작된 이래 세계의 어떤 전쟁에서도 특히 해전에서는 이런 기록이 없었다. 이순신은 전사할 때까지 23번의 크고 작은 해전에서 단 한 번도 패배한 적이 없었다.

러일전쟁 중 쓰시마 해전에서 3배나 많은 러시아군을 물리치고 승리한 도고 헤이아치 장군은 일본에서 "군신"이라는 칭호를 받는 영웅이 되었다. 러일전쟁을 승리로 이끈 후 전승축하연에서 "나는 영국의 넬슨(스페인의 무적함대를 무찌른 영국 해군제독)보다는 우위에 있지만 이순신에 비하면 일개 하사관에 불과하다. 만일 이순신이 나의 함대를 가지고 있었다면 세계의 바다를 제패했을 것이다."라고 대답했다고 한다.

실제로 러시아 함대와 일전을 치르기 위해 도고는 이순신의 영혼에 기원하는 의식을 갖기도 했으며 일제 때는 일본의 해군 사령부가 있던 경남 진해에서 약 40km 떨어진 통영 충렬사에 가 주기적으로 진혼제를 지내는 것이 일본 해군의 중요 행사 중 하나였다고 한다.

일반적으로 평범한 사람들은 해보지 않은 일에 대하여 두려움을 가지고 있기 때문에 현실에 안주하려 한다. 적당히 현실에 타협하면서 편하게 살려는 생각 때문에 목표를 세워도 쉽게 포기하는 경향이 많다. 그러나 성공하기 위해서는 도전을 해야만 한다.

이순신이 성공한 이유를 보면 자신에 대한 강한 신뢰감을 바탕으로 강인한 도전정신을 가지고 도전하였기 때문이다. 이순신이 임진왜란에서 한 번의 성공으로만 끝났다면 아마도 이순신의 위대함은 지금과 같지 않았을 것이다.

이순신의 성공이 대단한 이유는 그만큼 오랜 기간을 포기하지 않고 편안함에 타협하지 않고 부정에 도전을 하였고, 왜군에 도전하였기

때문이다. 도전을 해보라. 이순신처럼 포기하지만 않는다면 그 꿈은
반드시 이루어지고 말 것이다.

도전하는 사람들은 고독하다. 남들이 이미 간 길을 따라가는 것도 힘들지만 남들이 가지 않은 길을 가는 도전자들은 더욱 고독하다. 그런 뜻에서 도전자는 선구자라고 할 수 있다. 선구자(先驅者)는 다른 사람에 앞서서 어떤 일의 중요성을 인식하여 그 일을 실행한 사람을 말한다.

선구자에 대한 세상의 시선은 그리 곱지 않다. 세상은 그들을 이해해주려고 하지도 않는다. 가만히 놓아두기만 해도 좋으련만 세상은 다리를 붙잡거나 핀잔을 주고 도전의 의지를 꺾어 놓는 경우가 많다.

이순신은 외로웠다. 관직을 시작하면서 수많은 상관으로 부터 정도를 간다는 이유로 박해를 받거나 부당한 대우를 받았다. 변방을 전전하면서 아무도 알아주지 않는 하급관료 생활을 오래하였지만 그는 세상이 무정하다고 하지 않았다. 적어도 사람들 앞에서는 절망도 하지 않았다.

무엇보다도 이순신을 가장 힘들게 했던 것은 외부에서 주어지는 고난보다는 자기 자신과의 싸움이었을 것이다. 난중일기에 보면 이순신은 여러 차례에 걸쳐 '죽고 싶다', '통곡한다', '애통하다' 등의 단어가 수시로 보인다. 일기에서 드러난 자신과의 대화에서 포기하고 싶은 본능의 소리가 여기저기서 감지된다. 하지만 이순신은 어떠한 고통과 고난에도 굴복하지 않았다.

이순신의 죽음을 둘러싼 논란이 많다. 단순한 저격에 의한 전사라는 설과, 조선의 조정에서 이순신의 인기를 시샘하여 저격을 했다는 설, 스스로 전투 중에 자살을 하였다는 설이다. 어느 설도 정확한 것으로 결정된 것은 없지만 이순신의 사인은 적의 총탄을 맞아서 사망한 것으로 되어 있다.

이순신의 전사(戰史)를 보면 당시 전투에서 전사자가 거의 없었다는 것과 당시 조총의 사거리는 10m 안에서 조준 사격을 해야 맞출 수 있었기 때문에 사전에 예방할 수도 있었으며, 갑옷을 입기만 했어도 총탄을 막을 수 있다는 것을 알 수 있다. 그러나 그는 싸움이 한창일 때 스스로 갑옷을 벗고 적탄을 맞고 전사하였다. 이 기록대로라면 장군은 스스로 죽음을 향해 걸어갔던 것이다.

이순신은 오직 왕의 명령보다 조선을 살릴 길을 생각했고 아울러 싸움에서 이길 방법만을 생각하였다. 그러기에 고민도 그 만큼 컸다. 13척으로 이기면 선조는 이순신을 왕권을 위협하는 더 위험한 인물로 생각하게 될 것이고, 싸움에 지면 패배의 원인을 모조리 이순신에게로 돌릴 것이었기 때문이다.

당시 조선의 조정에서는 의병장들에 대하여 긍정적으로 평가하기보다는 박해를 가했다. 의병장 김덕령도 옥사 당하자 많은 제장들은 목숨을 보존할 수 없다고 생각하였으며, 홍의 장군 곽재우도 전쟁이 끝나기도 전에 의병을 해산하여 산으로 들어가 버렸다.

이순신의 사인이 꼭 자살은 아니라 할지라도, 자신의 죽음을 적극적으로 피하지 않고 죽을 수 있는 상황에 자신을 내맡겼다는 것은 유추할 수 있다. 임진왜란에서 이순신이 계속된 승리로 인해 민중의 인기를 받고 있었다. 결국 전쟁이 끝난 후엔 왕의 세력이 크게 약화될 수밖에 없기 때문에 더욱 승리가 부담스러웠을 수도 있었다.

이순신은 평소에 "자고로 대장이 자기의 공로를 인정받으려 한다면 생명을 보존하기 어렵다. 따라서 나는 적이 퇴각하는 날에 죽어 유감될 일을 없애겠다."라는 말을 자주 하였다. 결과적으로 이순신은 전쟁에서 승리해도 죽을 것이라는 걸 알았기 때문에 스스로 이 길을 선택했을지도 모른다.

이순신의 전사 장면은 서애(西厓) 류성룡(柳成龍)의 《징비록(懲毖錄)》에 자세하게 기록되어 있다. 무술년(1598) 시월에 적선을 쫓아 남해의 경계에 이르렀을 때, 순신이 몸소 화살과 돌을 무릅쓰고 힘써 싸우더니, 어떤 날아오는 탄환이 그 가슴에 맞아 등뒤로 나왔다. 좌우 사람들이 부축하고 휘장 안으로 들어가거늘, 이순신이 말하기를 "싸움이 바야흐로 급하니 삼가 내가 죽었다는 것을 말하지 말라." 하고, 말이 끝나자 목숨이 끊어졌다.

이순신은 고독한 사람이었다. 이순신은 살아 있을 때는 당쟁의 희생물이었다. 이순신은 죽어서야 비로소 당쟁에서 자유로워졌다. 세상은 이순신을 의심했고 핍박하였지만 이순신은 어떤 원망도 하지 않고 운명을 받아들였다.

7 | 위기와 기회는 동전의 양면이다

‘기회(機會)’는 틀 기(機)자와 모일 회(會)자를 쓴다. 틀 기(機)자는 幾(기)는 약한 움직임인데 목(木)을 합치면 베틀을 움직이는 자잘한 장치 또는 석궁을 발사시키는 장치를 말한다. 결국 베틀을 움직이는 것이 모여지면 옷감이 만들어져서 원하는 옷을 사 입을 수 있거나, 원하는 물건과 바꿀 수 있는 것이다. 또한 활이 모이면 위험을 극복할 수 있고 사냥을 가거나 전쟁을 치를 수 있는 것이다. 결국 기회는 기대하던 때가 오는 것을 말한다.

 ‘기회(機會)’나 ‘위기(危機)’는 같은 틀 기(機)자를 쓴다. 그러나 ‘기회(機會)’는 좋은 기회이지만 ‘위기(危機)’는 위험한 기회를 말한다. 따라서 기회나 위기는 같은 것이라고들 한다. 어떠한 상황이나 조건이 주어졌을 때 그것을 긍정적으로 보느냐, 부정적으로 보느냐에 따라 현실은 ‘기회(機會)’가 될 수도 있고 ‘위험한 기회(危機)’가 될 수도 있기 때문이다. 똑같은 상황이 주어졌을 때, 어떤 이에게는 좋은 기회이지만 어떤 이에게는 위험한 기회가 될 수 있다.

그래서 긍정적인 사람은 위기 속에는 기회가 숨어있다고 하고, 위기는 위험과 기회의 줄임말이라고도 한다. 부정적인 사람들은 흔히 위기 속에 기회가 숨어 있다고 생각한다. 결국 위기나 기회는 같은 것인데 그것을 받아들이는 마음이 긍정적이냐 부정적이냐에 따라 기회가 되기도 하고 위기가 되기도 한다는 것이다.

여러분도 다 아는 일화가 있다. 자주 듣지만 들을 때마다 우리를 깊은 생각에 빠지게 하는 이순신의 명량해전 이야기이다. 긍정과 부정의 차이가 얼마나 많은 차이를 가져오는지 알 수 있는 대목으로 많이들 인용하는 일화이기도 하다.

선조는 수군을 정리하여 육군에 편입하라고 하였지만 이순신은 "신에게는 아직도 12척의 배가 있으니......."라는 구절이다. 이순신에게 세계에 유례 없는 성공적인 전투가 가능하게 한 것은 12척의 전선이 있는데 이 12척의 배를 남겨준 배설이라는 사람이 있었다.

정유재란 당시 조정은 부산으로 상륙하는 적을 막기 위해, 조선 수군은 부산으로 출전하도록 독촉 받았다. 3도수군통제사 이순신은 출전을 거부하여 실각했고, 그 뒤를 이은 원균은 곤장까지 맞아가며, 출전을 독촉 받고 결국 어쩔 수 없이 밀려 나가게 된다.

한산도 본영에서 부산까지 출정의 길은 너무 멀었고, 중간에 안골포, 가덕도 등에 주둔하는 왜군의 후방 기습을 우려해야 하는 상황이었다. 결국 100여 척의 대함대는 부산까지 갔다가 별 소득 없이 돌아오던 중, 거제도 북쪽 칠천도에서 왜선의 기습을 받고 전멸하게 된다. 그러나 이 해전이 벌어지기 전에 배설이라는 자가 미리 12척의 배를 이끌고 도망을 친 상태였기 때문에 다행히 12척은 건질 수가 있었다. 그 12척의 배가 조선 수군 재건의 발판이 되었다. 그러나 명량해전이 벌어지기 전에 배설은 또 도망갔고, 결국 전쟁이 끝난 이듬해 체포되어 처형되었다.

　이순신과 배설은 같은 시기에 같은 상황에 놓여있었지만 배설은 그 상황을 무섭고 두려워 위기라고 인식하여 오직 피하려고만 생각하였다. 그러나 이순신은 오히려 그런 상황을 충분히 즐기고 기회로 만든 것이다. 기회는 이처럼 똑같이 주어지지만 누구에게는 기회가 되었고, 누구에게는 위기가 된 것이다. 결국 한 사람은 역사 속에서 존경받는 성웅이 되었고, 한 사람은 역사에서 오명을 남기고 사형을 당했다. 이처럼 기회는 양면을 가진 동전과 같다.

용기는 찾아오는 것이 아니라 스스로 만드는 것이다 8

성공한 사람들을 보면 평범한 사람들보다 행운의 기회가 많이 찾아와 성공한 것으로 생각하기 쉽다. 그러나 성공한 사람들의 삶을 보면 기회는 문득 찾아온 것이 아니라 스스로 만들어 갔다는 것을 알 수 있다.

성공한 사람들을 멀리서 보면 기회가 다가온 것처럼 보이지만 실제로 그들은 기회를 잡기 위해서 남들보다 열심히 노력했기 때문에 성공한 것이다. 결국 기회는 만들어서 잡아야 하는 것이다.

이 세상에 그 어떤 일도 가만히 있는데 그냥 주는 것은 아무 것도 없다. 배가 고프다는 표현을 해야지 밥을 준다. 아픈 사람도 병원에 가야 주사를 맞을 수 있다. 좋은 직장에 취직하기 위해서는 그 직장에 맞는 조건을 갖추고 있어야 한다. 아무 것도 안하면서 자동적으로 찾아오기만을 바란다면 그것은 정말 뜻밖에 얻은 행운인 요행일 뿐이다.

기회가 와도 그 기회에 맞는 자격이나 기준을 가지고 있어야 한다. 내게 맞지 않는 기회는 내게 행운이 아니라 고통이 되는 것이다.

이순신도 자신에게 기회를 만들기 위해서 준비하고 노력하였다. 전쟁이 일어날 것을 예상하였기 때문에 군량미를 준비하고, 병사를 모으고, 배를 건조하였다. 적에 대한 철저한 연구와 함께 연안에 대한 뱃길과 물살을 연구하였다. 23전 23승은 그냥 얻은 기회가 아니라 이처럼 철저한 준비를 하였기 때문이다.

이처럼 기회는 찾아오는 것이 아님에도 불구하고 모든 사람들은 기회가 찾아오기만을 바라고 있지만 정작 찾아 나서는 사람은 없다. 기회가 찾아오지 않는 데에는 그럴 만한 이유가 있다. 기회가 찾아오게 하려면 최소한 기회를 선택하거나 움켜쥐려는 준비를 해야 한다. 만약 이순신이 가만히 전라 좌수영에 앉아 있었다면 이순신은 한번 싸워보지도 못하고 항복했을지도 모른다. 그러나 이순신은 기회를 만들기 위하여 도전하였고, 결국 기회는 이순신의 것이 된 것이다.

기회가 우연히 찾아오는 것이라고 믿는 사람은 준비를 하는 사람을 비웃기도 한다. 그러나 준비를 하는 사람은 우연 따위에는 신경을 쓰지 않는다. 행운을 맞이할 준비는 자기 자신밖에 할 수 없기 때문이다. 준비는 누구나 당장 시작할 수 있다. 그러나 이러한 준비도 없이 기회를 기다린다는 것은 기회를 너무 우습게 보는 것이다.

기회는 절대로 우연히 찾아오지 않는다. 무언가를 준비하는 사람의 몫이기 때문이다. 아무리 좋은 기회가 눈앞에 다가 오더라도 자신의 손을 이용해야만 움켜쥘 수 있어야 기회가 되는 것이다. 기회는 준비하지 않는 사람에게는 찾아오는 것이 아니고 잡는 것이다. 그러나 지금 하고 있는 일에 전념하고 마지막까지 최선을 다하는 사람에게는 자연스럽게 기회가 찾아올 것이다.

명량해전의 성공은 용감함에서 시작된다

기회를 행운으로 만든 사람들을 보면 소심한 사람들보다는 용감한 사람들이 많다. 할랭이란 사람은 자기가 원하는 목표를 향하여 용감하게 행동하면 안 하는 것보다는 실패가 오히려 일보전진하게 된다고 하였다. 할랭의 말처럼 때때로 우리는 인생에서 큰 결단을 내려 용감하게 행동해야 하게 되면 오히려 그것이 기회를 가져와 성공하게 될 때가 있다. 용감해지면 자신감도 생기게 되고 행동도 용감해지다 보니 위기가 기회로 바뀌기도 한다.

 선조는 원균이 이끄는 조선의 수군이 칠천량에서 완패를 당해 한때 수군을 폐지하려고도 하였다. 그러나 이순신을 다시 복권하여 삼도수군통제사로 기용하여 희망을 걸었다. 당시 조선군에게 남은 전선은 겨우 12척에 불과하였다. 이순신이 음력 8월 18일 회령포에서 전선 10척을 거두었고, 그 후 2척이 더 회수됨으로써 12척이 남은 전선의 전부였던 것이다. 나중에 명량 해전을 앞두고 또 1척이 추가되어 13척으로 늘었다.

이순신은 남해안 일대를 돌아다니며 흩어진 병사들과 병장기를 모아 수군 재건에 전력을 다했다. 이순신은 일본의 함대가 어란포에 들어온다는 보고를 받고 음력 9월 15일에 벽파진에서 우수영(右水營)으로 진을 옮긴다.

당시 일본 수군의 대장은 가토 요시아키로 330여 척의 전선을 보유하고 있었다. 이 중 명량 해전에 참가한 부대는 구루시마와 도도가 이끄는 133척의 함대였다. 일본 수군은 목포 쪽으로 흐르는 북서류를 타고 명량해협을 통과하여 전라도로 서진할 계획이었다.

일본은 이순신이 복귀했다는 것은 알고 있었지만, 13척의 전선만으로 전쟁을 치룰 수 없다고 생각하였다. 뿐만 아니라 지난 전쟁 기간 동안 최대의 적이었던 이순신과 조선 수군을 완전히 제거하기로 결심했다. 명량해협은 진도와 화원반도 사이에 있는 좁은 수로로 조류는 국내의 수로 중에서 가장 빠른 곳이다. 빠른 수로를 이용하여 얼마 안 되는 조선 수군을 압박해서 물리친 다음 전라도로 진격하려고 하였다.

음력 9월 16일 오전, 일본 수군 200여 척이 울돌목으로 들어섰다. 이 중 70여 척이 입구 쪽에 남고 나머지 133척이 해협으로 진입했다. 이 때 해류는 동쪽에서 서쪽으로 흐르고 있었다. 즉, 일본 수군이 해류의 흐름과 일치하는 순방향이었다.

전투가 시작되자, 조선군 일부가 뒤로 물러서기 시작했다. 일본은 겁을 먹고 도망간다고 판단하였다. 그러나 조선의 수군이 반대로 공격을 했고 오후가 되자, 해류의 방향이 바뀌었다. 해류 때문에 앞으로 나가지도 못하고 너무 좁은 해역에 많은 배가 들어서는 바람에 일본

수군의 군함들은 마구 엉키었다. 조선 수군은 이 기회를 놓치지 않고 포격전과 충돌을 거듭하여 일본의 안택선이 줄줄이 파괴되면서 일본 수군의 시체와 배의 잔해가 바다를 덮기 시작했다. 너무 많은 배가 엉켜 있어서 대충 대포를 쏴도 맞았다. 133척의 대함대를 13척으로 추격하는 형세가 되었던 것이다. 오후 4시경, 일본 수군은 전멸하였다. 조선 수군의 승리의 요인이었던 것은 전함과 함포였다.

일본군 전함은 첨저선으로 뱃머리가 뾰족하고 판자의 연결에 쇠못을 사용한 안택선(安宅船)이고, 조선군의 전함은 뱃머리가 둥글고 나무못을 사용한 판옥선이다. 판옥선의 크기는 일본군의 가장 큰 배인 안택선보다 컸다. 뱃머리가 둥글다는 것은 물에 잠기는 부분이 적어 회전이 용이하였고, 반면 쇠못은 녹이 슬어 부식되는 결과를 가져와 배의 안정성에 심각한 문제를 안겨주었고, 충격에 약해 쉽게 파손되었다. 조선 수군은 포격전만으로 전투를 수행하지 않았고, 필요한 경우나 불가피한 경우 충격전술로 일본군의 배를 부서뜨리는 돌격전법을 자주 구사했던 것도 이러한 배의 특성 덕분이었다.

화포는 임진왜란 전체를 통틀어 가장 효과 좋은 조선군의 무기였다. 다양한 종류와 구경의 화포를 사용하였으며, 오늘날 다연장포에 비교할 수 있는 신기전, 박격포에 해당할 비격진천뢰, 대형 로켓 병기라 할 만한 대장군전 등 신무기도 많이 사용되었다. 반면 일본군은 화포 주조 능력이 없었으며, 그나마 있는 화포도 갑판 바닥에 고정해서 사용하지 않고 상부 구조물에 매달아 사용했다. 배가 약해서 포의 반동을 견뎌낼 수 없었던 것이다. 공중에 줄로 매달린 화포는 그 위력을 제대로 발휘할 수 없었던 것이다.

명량해전이 성공한 이유는 이순신이 울돌목이라는 좁고 물살이 센 지형을 작전에 최대한 이용하였으며, 학익진 진법을 사용하였다. 뿐만 아니라 조선수군 배의 특징을 최대한 살렸으며, 화포를 최대한 사용하였다는 것이다. 그러나 무엇보다도 명량해전을 승리로 이끈 원인은 이순신의 전략과 병사들의 사기도 승리의 요인으로 들 수 있다.

역사를 보면 승리자는 경쟁자가 멈추어 있을 때도 앞서 나아간다. 조지 워싱턴은 12월 25일 새벽 고요한 강을 건너 헤센군(영국이 고용한 독일군 부대)의 진영을 기습했다. 헤센군은 크리스마스 날 전투가 있으리라 예상하지 못한 탓에 크게 패했다. 영국군은 독일의 롬멜 장군이 아프리카 독립군단 사령관으로 파견 되었을 때다. 영국군은 독일군이 참호를 파고 방호벽을 쌓는 동안 대비책을 세우려 했지만, 롬멜 장군은 배에서 내리자마자 곧 진격 명령을 내렸다. 방심했던 영국군은 우왕좌왕 퇴각할 수밖에 없었다.

명량 해전도

집중적이고도 지속적인 공격 또한 효과적인 병법 가운데 하나다. 1220년 징기스칸은 콰라즘 제국의 거점 도시인 코젠으로 진군해 도시를 포위하고 군대를 세 개 병력으로 나누어 8시간씩 돌아가며 쉬지 않고 공세를 퍼부었다. 24시간 이어진 징기스칸의 공격에 도시 기능은 완전히 마비되고 말았다.

나폴레옹의 군대는 공격했다가 잠시 흐트러지고 다시

전열을 가다듬어 다시 공격하는 공세의 원칙을 이용해 전투에서 잇따라 승리하며 유럽 대륙을 휩쓸다시피 했다.

종종 두 군데로 나누어져 있는 적군과 맞닥뜨렸을 경우, 나폴레옹은 선회하여 두 번째 군대가 지원을 하기 전에 한쪽의 군대를 공격하였다. 그런 다음 다시 돌아서서 두 번째 군대 역시 격퇴하였다.

맥아더 장군의 "우회작전" 은 태평양 전쟁의 승리를 가져왔다. 일본군은 1942년부터 거대한 인맥과 물자를 투입해 호주 북부에서 필리핀에 이르는 솔로몬 제도를 요새화하고 공격에 대비했다. 그러나 맥아더는 공격 대신 섬으로 통하는 물품 보급로를 차단함으로써, 일본을 애태웠다. 빠르게 변화하는 상황을 꿰뚫어 보고 최소한의 노력으로 승리를 이끈 것이다.

Orange

이순신의 배려

리더십에서 배려는 대단히 중요한 덕목이다. 남을 먼저 생각하는 배려는 상대방으로 하여금 진심어린 충고와 충성을 받을 수가 있다.

그렇다면 이순신이 주는 배려의 메시지는 무엇일까? 배려는 상대방이 적극적 공감을 나타내고 의욕적인 활동을 하게 한다. 이순신은 배려를 잘 보여준 위대한 리더로서 살아 있을 때에는 부하들에게, 지금은 많은 사람들로부터 큰 존경을 받은 인물이었다.

이순신은 사람을 영(令)으로써 따르게 하지 않았다. 그는 영(令)이 아닌 부하와 백성을 위한 배려가 있었기에 이순신을 아비처럼 형님처럼 따른 것이다. 군율의 엄함은 지켰지만 그 엄함의 깊은 바닥에는 이순신의 배려가 있었다. 이순신이 상대방의 속마음까지 이해하고 그 자존심을 건드리지 않았을 때 배려가 싹텄다.

배려에는 용서가 함께 있다. 이순신의 배려에는 조선 조정과 선조 그리고 그를 미워했던 모든 사람들에 대한 용서가 있었다. 그들을 용서하지 않았다면 늘 죽음 같은 전투에 참여하여야 할 이유가 없었고 나라와 백성을 구할 이유가 없었다. 이순신의 배려에는 끝없는 용서가 기반이 되어 조선과 백성을 구하는 힘이 되었다.

이순신은 참다운 깊은 배려가 있었던 리더이다.

Orange

백성을 향한 배려가 존경을 만든다　1

　이순신은 해전을 마치고 늘 장계를 올려 해전의 다양한 상황과 결과를 조정에 보고했다. 그 장계에는 이순신이 백성을 향한 애틋한 마음이 나타나 있어 평소 백성을 얼마나 많이 생각하고 있는지 짐작이 간다. 또한 이순신이 직접 쓴 난중일기에도 백성을 배려하는 그 마음을 볼 수 있는 곳이 여러 곳이 있다. 이순신은 백성들을 마치 자식처럼 동생처럼 불쌍하게 여겼으며 전쟁으로 인해 살기 어려워져 가는 모습을 개탄하면서 백성들을 위로하였다.

　1592년 2차 출동 결과를 보고하는 장계에서는 "왜적에게 사로잡혀 갔던 우리나라 사람들을 구출해 오는 일은 왜군의 목을 베는 것과 다름없는 공로이므로 왜선을 불태울 때에는 특별히 살펴서 찾아내고, 조심하여 함부로 죽이는 일이 없도록 하라고 각별히 분부하였습니다.”라고 적혀 있다. 이는 백성의 목숨을 구하는 일이 적의 수급을 베어오는 것에 비할 정도로 중요한 일이라며 백성을 구출하는데 전력을 다하고 있음을 보여주는 대목이다.

1592년 3차 출동 결과를 보고하며 장계에서도 “그 곳 백성들로서 산골짜기에 숨어 있던 사람들이 매우 많았기 때문에 만약 왜적의 배들을 모조리 불태워서 적들을 궁지로 몰아넣게 되면 숨어 있던 우리나라 백성들이 적들에 의해 마구잡이 살육을 면하지 못할 것이기에, 잠시 1리쯤 물러 나와서 밤을 지냈습니다.”라고 보고하고 있다.

이순신은 적을 궁지로 몰아버리면 왜적들이 우리 백성에게 피해를 입힐 것을 걱정하여 필요하면 유인하거나 너른 바다로 나올 때까지 기다리고 있었다. 그렇게 함으로써 직접적인 피해를 백성에게 가하지 못하도록 노력하고 있는 것이다. 부녀자와 노인들과 어린아이만 남아 있었기 때문에 과도한 공격은 왜적을 자극하면, 백성을 유린하고 죽일 수 있다는 점을 잘 염두해 둔 작전이었다.

1593년 5월 6일 난중일기에는 “가뭄으로 농사일을 걱정하던 차에 늦게 큰 비가 쏟아지더니 그대로 종일 그치지 않아 개천에 물이 넘쳐 농민들을 만족하게 하니 다행이다.”라고 적고 있다. 이순신은 난중일기에 매일같이 그날의 일기를 함께 기록하고 있는데 이처럼 그는 하늘의 변화에 민감했다. 그런데 오랫동안 비가 오지 않아 농사에 걱정이 되고 있었는데 늦게라도 큰 비가 와서 농사짓는데 해갈을 하였기에 기뻐하고 있는 모습이다.

이순신은 백성들이 겪는 가뭄의 고통을 함께 느끼고 있었고 백성의 고초를 통감하고 있었다. 그래서 늦은 비에 행복하고 감사한 글을 난중일기에 적은 것이다. 난중일기의 대부분은 공무와 관련된 글이 많고 사적인 내용들은 많지 않은 것이 특징이다. 이런 이순신이 비가 와야 한다고 염려하던 차에 비가 오게 됨을 기뻐하고 있는 것이다.

전쟁은 군사만이 하는 것이 아니다. 온 국민이 다함께 하는 것이 전쟁이다. 특히 전면전이나 총력전이 될 경우 백성들의 도움이 절실한데 이순신은 백성에 대한 배려 정신으로 온 백성이 하나가 되어 국란을 이겨나갈 힘을 만들었던 것이다.

2 | 부하에 대한 배려가 승리를 만든다

이순신의 부하에 대한 사랑은 남달랐다. 그의 사랑은 껍데기만의 사랑이 아니라 깊이가 있고 부하를 배려하는 사랑이었다. 그의 사랑은 엄격한 규율 속의 절제된 사랑이었고 가슴속에서 우러나는 사랑이었다.

이순신이 적은 시에는 종일토록 싸우고 나면 모든 군사들을 잠 재워놓고 "혼자 돌아 앉아 등불을 돋우고(獨坐挑燈) 손수 내일 쓸 화살을 다듬었다(手自理箭)."라고 적고 있다. 이처럼 이순신의 부하에 대한 배려는 몸에 배여 있어 늘 향기가 나는 듯 했다. 보이지 않는 곳에서 그는 늘 배려하고 있었기에 이순신은 더욱 위대한 지휘관이었다.

녹도(鹿島)만호 정운은 이순신의 선봉장이 되어 옥포해전·당포해전·한산도대첩 등의 여러 해전에서 큰 전과를 올렸다. 불행하게도 부산포해전에서 추격 도중 적탄에 맞아 전사하였다. 이순신은 그의 시체를 안고 크게 애통해 했다. 이런 모습에서 이순신이 얼마나 정운을 아끼고 사랑했는지를 알 수 있다. 이순신은 친히 제문을 짓고 눈물을 거두지 못했다. 뿐만 아니라 부상당한 군인들에게 골고루 약물을 주어 치료케 하고 죽은 장병들은 그 사체를 하나같이 보전했다가, 따로 군관을 정하여 각각 제 고장에 곱게 묻어주는 등 세심한 관심과 배려를 아끼지 않았다. 이같이 죽고 상한 군인들에게 베푸는 사랑이 그러했거늘 하물며 살아 있는 부하들에게는 오죽했겠는가? 부하를 아끼고, 부하를 보호하고, 부하의 의견을 들어주고 부하들과 같이 자고 눕던 이순신이었다.

이순신의 배려에 감동을 느낀 부하장병들은 이순신을 형이나 아버지처럼 따르게 되었으며, 이순신의 명령에 혼연일체가 되어 공격할 수 있어서 승리로 이끌게 된 것이었다. 부하에 대한 사랑은 부하들이 죽음을 두려워하지 않게 하는 용감함을 갖게 하고 이를 통해서 모든 전쟁을 승리로 이끈 것이다.

배려를 통한 리더십은 사람들에게 감동을 주고 마음을 움직여 영향력을 발휘하게 하는 리더십이다. 배려의 리더십은 솔선수범해 자기가 일을 한 다음에 남을 관리하는 것을 말한다. 이러한 리더십은 끊임없는 자기 혁신과 변혁이 있어야 가능하다. 배려의 정신은 타인에 대한 이해가 전제가 되기 때문이다.

인사조직 분야에서 세계 최고의 권위자인 페퍼교수는 1972년부터 20년간 주식수익률을 기준으로 미국에서 가장 우수한 실적을 낸 기업들을 연구하였다. 이 연구를 통해 놀라운 결과를 얻었다.

페퍼교수의 연구 결과에 의해 정상에 오른 회사들은 1위가 사우스웨스트 항공사로 217배의 주식수익률을 기록했고, 다음으로 월마트로

198배, 3위가 타이슨 푸드 181배, 4위가 서키트시티로 164배, 5위가 플래넘 출판사로 156배의 주식 수익률을 기록하였다. 여기서 모든 사람들이 놀란 것은 20년간 최고의 수익률을 올린 이 회사들의 공통되는 특성이 남들이 가지고 있지 않은 기술이나 특허 또는 높은 진입장벽이 있는 회사가 결코 아니라는 것이다.

5개 회사 모두 자본금만 있으면 창업을 할 수 있는 회사이다. 그러기 때문에 회사의 특성을 보면 누구든지 시작할 수 있는 산업이었고 많은 경쟁업체들이 있는 회사들이었다. 그렇다면 이 회사들이 가지는 가장 큰 특징은 무엇인가? 바로 직원들과의 고용관계를 중시하는 경영철학이 있다는 점이다. 이는 서로를 배려하는 마음과 사랑으로 뭉쳐진 조직문화가 있다는 점이다. 이 회사들은 사람을 대체 가능한 부품으로 본 것이 아니라 기업이 성공할 수 있는 최고의 가치를 가진 실현할 수 있는 유일한 존재로 본 것이다. 그렇기 때문에 서로 존중하고 서로 사랑하고 서로 배려하는 조직문화 속에서 최고의 회사경영이 가능했던 것이다.

전란 중에 충청, 전라, 경상도를 아우른 지역을 다스리는 것은 쉽지 않은 일이었다. 우선은 왜적으로부터 백성이 당하고 있었기 때문에 나라에 대한 원망이 컸을 것이고 농사를 지으며 먹고 사는 문제 역시 쉽지 않은 일이었기에 백성들의 원성은 날로 커질 수밖에 없었다. 가족의 가장이 전쟁 중에 죽으면 그 가족의 앞날은 암담해 질 것이고 삶을 포기하기에 이른다. 거기에 전염병까지 돌아 민심이 더욱 흉흉할 때는 어느 누구도 어찌 할 도리가 없었을 것이다.

그럼에도 불구하고 많은 백성들이 이순신이 나타나면 환호성을 지르며 맞이하고, 민심이 안정화 될 수 있었던 것은 전쟁의 승리에 대한 안도감만으로 가능한 것은 아니었다. 이순신이 베푸는 배려의 정치

때문이었다. 전쟁 중에 백성을 위한 정치를 하고 그들이 마음을 위로
하고 안정되게 하기까지는 정말 큰 노력이 필요했을 것이었다.

이순신의 전라좌수영이 있었던 여수에서는 지금 '내가 먼저 Fisrt'
운동이 대대적으로 일어나고 있다. ' 내가 먼저 First' 운동은 솔선수범
을 바탕으로 변화하고 남을 배려하는 마음을 갖자는 운동이다. 이 운
동은 엑스포를 성공적으로 개최하여 소기의 목적을 달성하고 나아가
여수를 세계적인 해양도시로 성장 발전시키는 견인차 역할을 할 것이
다. 이 운동이 여수시가 중심이 되어 시작한 운동으로 시작되었지만
지금은 여수 시민 및 단체가 자발적인 참여 속에 확대 운동이 일어나
고 있다. '내가 먼저 First' 운동은 임진왜란 당시 백성을 향한 이순신
의 마음처럼 서로를 배려하고 내가 먼저 솔선수범하겠다는 의지가 담
겨져 있다.

3 | 배려는 먼저 경청에서 시작된다

16세기는 조선의 정치사에서 사화(士禍)의 시대로 정리된다. 네 번에 걸쳐 사화가 일어나면서 훈구파와 사림파가 정치적, 사상적으로 대립하였다. 그리고 그 와중에서 사림파는 적지 않은 피해를 입었다. 하지만 사림파는 지방사회를 중심으로 입지를 계속 확산해 나갔고, 1565년 문정왕후 사망 후 외척정치가 종식되면서 본격적으로 사림정치가 전개됐다. 특히 왕실의 방계에서 임금의 자리에 오른 선조가 즉위하면서 사림파는 명실상부한 정치 주도세력으로 자리매김했다.

왕실의 방계에서 임금이 된 선조는 입지기반을 세우기 위해 성리학 이념에 충실한 사림을 가까이함으로써 공신과 왕실의 외척들을 배척하는 방법을 택하였다. 기묘사화 이후에 위축되었던 사림이 대거 정계에 진출했다. 역사상 본격적인 사림정치의 시대가 열린 것이다. 선

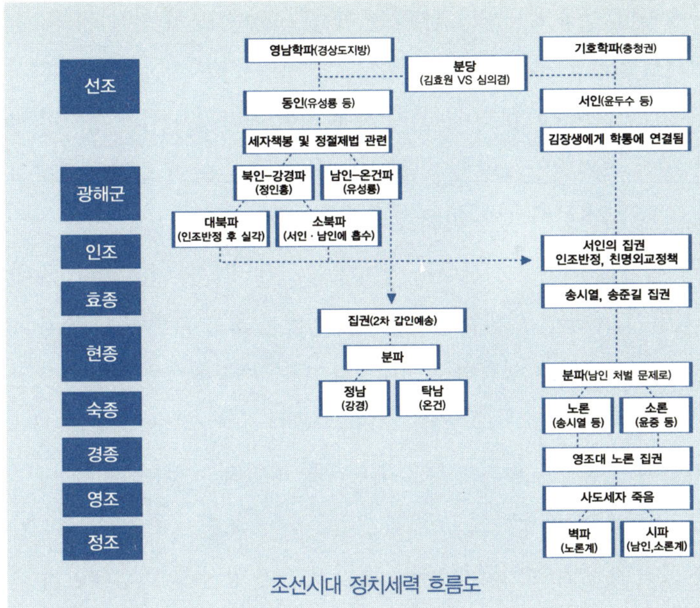

조선시대 정치세력 흐름도

조 즉위 이후 사림파는 이제 재야 정치가의 입지에서 벗어나 중앙에서 정치를 주도하는 위치에 올랐다. 그러나 이들이 집권자의 위치에 서게 되면서 내부에 분열이 일어났다.

외척정치를 비판하는 비판자의 위치에서는 사림파가 한목소리를 냈지만 이제 정치 주도층이 되면서 학파의 성향이나 지역적 기반에 따라 서로 다른 정치적 색깔을 드러내게 된 것이다. 여기에서 한 가지 짚고 넘어갈 것은 그동안 우리가 많이 사용한 당파정치라든가 붕당정치라는 말은 일제시대에 일본역사학자에 의해 한국의 역사를 왜곡하기 위해 만든 용어라는 점이다. 조선의 정치를 폄하하는 용어 중의 대표적인 용어다. 물론 임진왜란 당시에 동인과 서인 간에 정치적 견해가 다르기 때문에 잡음이 많고 정치적 혼란을 일으킨 것은 사실이다. 그러나 그러한 견해들은 발전을 위한 정책의 노선이 다른 것이지 당파나 붕당정치에 빠져 있었던 것은 아니다. 많은 정치 선진국들이 양당체제를 도입하여 효과적인 방법으로 활용을 하고 있는 것처럼 당시의 동·서인들의 정책의 이견은 당쟁을 위한 이견이 아니라 정치적 발전을 위한 이견이었음을 잊지 말아야 한다. 물론 그런 정치적 소용돌이 속에서 이순신이 많은 피해를 입은 것은 사실이다.

역사 서적을 보면 조선시대는 정치세력 간에 '듣는 사람' 보다 '말하는' 사람이 더 많던 시대임을 알 수 있다. 많은 말을 하면 내가 옳고 나의 주장이 바르다고 생각하던 시대였다. 내가 주장함으로써 나의 뜻만을 전달하는 시대였다. 오늘날도 우리 사회에서는 상대방의 이야기에 귀 기울여 경청하는 리더가 참으로 위대한 리더라고 칭송받는다.

남의 이야기에 경청하고 그들의 심정을 헤아려 들어주는 것이야 말로 진정한 배려인 것이다. 나와 우리의 의견이 항상 옳고 상대방의 의견은 항상 그르다고 생각할수록 감정의 골을 깊어가게 된다. 이순신이 있던 그 시대에는 말을 하는 자는 많고 들어주는 사람이 적기 때문에 조선조정이라는 배는 산으로 가게 되었다. 배려의 리더십은 남의 말을 들어주는 데서 나옴에도 불구하고 그 당시 조정은 자신들의 이익을 위한 목소리만 높이는 시대였다.

세계적인 커피회사인 스타벅스에서는 종업원을 직원(employee)이 아닌 파트너(partner)라고 부른다. 직원의 입장에서 고객을 보지 말고 사장과 함께 주식을 나누어 가진 파트너라고 생각하고 고객에게 배려하자는 것이다. 이러한 결과 1987년에 시작한 스타벅스 커피는 현재 40여 개국 15,000여 매장에서 고객에게 스타벅스 문화를 전달하고 있다. 고객에게 배려하는 스타벅스의 자세는 '말하는' 사람만이 무성한 이순신의 시대와는 사뭇 다른 분위기를 연출하고 있다. 스타벅스에 가보기를 바란다. 거기에는 고객의 소리에 민감하게 반응하는 스타벅스 파트너가 여러분을 기다리고 있을 것이다.

4 | 장수 배설에게 끊임없는 배려를 주다

1597년 7월 16일은 조선수군이 거제(巨濟) 칠천량(漆川梁)에서 대패한 해전이었다. 이 칠천량해전에 앞서 원균은 1월 28일 이순신의 후임으로 삼도수군통제사가 된다. 그리고 이순신은 1597년 2월 한산도에서 체포되었다. 조정은 왜적의 전력을 제대로 가늠하지 않은 채 원균에게 부산 앞바다로 나아가 증파되는 왜군을 막으라는 명령을 내리지만, 원균은 조선수군만으로 적을 막기 어렵다는 판단을 하고 출전하지 않자 조정은 재촉한다. 이에 또 출전을 하지 않자 6월 28일에 합참의장격인 도원수 권율(都元帥 權慄)이 해군참모총장인 원균을 불러 곤장까지 쳤다.

1597년 7월 5일 원균은 마침내 130척을 이끌고 출전을 감행했다. 이때 왜선은 1,500척이나 되었다. 왜군은 하루 종일 유인 작전을 펼쳐 조선군의 힘을 빠지게 했다. 7월 7일도 왜군을 찾기만 하다 풍랑에 판옥선 20여 척만 잃었다. 날이 어두워지자 휴식과 식수보충을 위해 가덕도(加德島)에 상륙했는데 왜군의 매복에 걸려 400여 명의 군사가 전사했다. 어둠 속에서 간신히 바다로 빠져나온 조선 함대는 가덕도를 포기하고 거제도 북단의 영등포(永登浦)로 향했다. 지친 군사들이 간신히 영등포에 도착한 것은 7월 8일 새벽녘이었다. 그러나 여기서도 적의 매복에 걸려 변변한 저항도 못 해본 채 심각한 피해를 입었다. 또 다시 원균은 114척의 판옥선을 이끌고 도주하여 칠천도 외줄포로 들어가 움직이지 않았다. 원균은 또다시 권율에게 불려가 진격하지 않는다고 곤장을 맞았다. 두 번째 곤장이었다.

이러한 전투와 권율에게 받은 곤장으로 원균은 마음이 많이 상하여 술을 마시고 누워버렸다. 그리고 1597년 7월 16일 새벽 1,000여 척의 왜적에게 기습을 받았다. 원균은 필사적으로 싸우다 고성(固城)으로 도주하고 육지로 올라 싸우다 적의 칼에 죽고 말았다.

그 와중에 경상우수사 배설(裵楔)은 자신의 함대 12척을 이끌고 도망쳤다. 도망친 배설로부터 이순신이 12척의 배를 인수 받은 것은 1597년 8월 18일 회령포에서였다. 난중일기에는 당시 배설의 태도가 "건방진 태도가 매우 경악할 일"이라 하여 참지못 할 정도였지만 이순신은 군의 사기를 생각하여 배설의 이방과 영리만을 잡아 곤장을 치는 것으로 마쳤다.

이후 배설은 벽파진해전을 앞두고 적이 대거 쳐들어올 것을 겁내어 도망가려고만 했다. 이순신은 그런 사정을 알고 있었지만 드러나지 않은 것을 먼저 발설하는 것은 장수가 취할 행동이 아니므로 애써 참고 있었다. 그런데 난중일기 8월 30일에는 배설이 자기 종을 보내어 청원서를 제출하기를, 병세가 몹시 중하므로 몸조리를 해야겠다고 하였다. 이순신은 육지로 나가서 몸조리하라고 하였다.

원균의 주장(主將)으로 참전한 칠천량해전으로 조선수군은 전면적인 패전을 당함으로써 붕괴되었다. 칠천량해전은 패전할 수밖에 없는 문제를 안고 있었는데 이는 적의 동태를 파악해야할 첩보전에 뒤져 있었고 내부적으로는 원균의 리더십의 부재라는 문제가 있었다. 또한 권율장군은 삼도수군통제사의 위치에 있는 총사령관을 곤장으로 다스리는 우를 범하게 되는 것이다. 권율 장군이 조금이라도 원균을 배려했다면 사기를 떨어뜨리는 곤장으로 다스리는 방법은 사용치 않았을 것이다. 결국 칠천량해전으로 조선수군이 완전 붕괴됨으로써 남해의 바다 통제권이 일본에게 넘어가게 되었고 실질적으로 정유재란이 발발하게 되었다고 볼 수 있다.

이순신은 앞서 난중일기에 보이는 것처럼 칠천량해전에서 도망친 경상우수사 배설을 보면서 매우 언짢아한 것으로 보인다. 회령포에서 12척의 배를 인수인계할 때도 얼굴을 보이지 않았던 그였고 벽파진해전을 앞두고도 도망갈 계획만 세우고 있었기 때문이다. 그러나 이러한 내색을 좀처럼 하지 않았다. 이는 군의 사기를 떨어뜨릴 것으로 걱정이 되었기 때문이다.

그럼에도 불구하고 이순신은 배설에 대한 배려를 끝까지 해주는데 그의 체면을 세워 부하들로 하여금 모욕감을 갖지 않도록 도와주었다. 싸움에서 주장 원균을 버리고 도망간 배설은 용서 받을 수 없었지만 이순신은 참고 그의 이야기를 듣고 있었다. 앞서 언급한 것처럼 그가 몸이 좋지 않아 청원서를 제출할 때도 육지에 나가 몸조리하라고 배려해 주었다. 이처럼 위기에 처해 있는 사람을 배려하는 것은 배려 받은 사람으로 하여금 많은 것을 반성하게 하고 향후 최선을 다하도록 도와주는 것이다.

GE헬스케어 이채욱 회장이 있다. 샐러리맨들이 신화와 같은 존재로 존경을 한 몸에 받고 있는 분이지만 이채욱 회장도 큰 위기가 있었다. 80년대 초, 삼성물산에서 수입과장을 하고 있을 때에 폐선 해체로 고철을 팔아 수익을 남기는 사업을 기안하고 이를 위해 부산 감천만에 배들을 수입해 놓고 있었다. 그런데 갑작스런 해일로 배들이 바다 속으로 가라앉게 되고 회사는 앉은 자리에서 수십 억 원의 손해를 보게 되었다.

사표를 쓰고 그는 사태의 수습을 위해 부산으로 달려갔다. 사고처리는 하고 퇴사할 생각이었다. 가라 앉은 배를 통째로 인양할 수 없어 가라앉은 배를 50톤씩 잘라 인양하는데 1년 6개월이 걸렸다. 그리고 그는 준비했던 사표를 제출했다. 하지만 회사는 그에게 뜻밖의 두바이 지사장 발령으로 사표를 대신하였다.

사표를 쓰려던 이채욱 회장에게 회사는 큰 배려를 해 준 것이다. 실패로 부터 많은 것을 배운 이채욱 회장의 미래를 삼성은 본 것이다. 이러한 회사의 배려로 이채욱 회장은 실패로부터 10배, 100배, 1,000배의 교훈을 얻게 되었고, 오늘날 GE헬스케어를 이끌어 가는 다국적 기업의 회장이 된 것이다.

이순신도 배설에게 몇 번의 기회를 주었다. 몇 번이고 참아 가면서 다시 한 번 왜적과의 전투에 참전하기를 기다리고 있었다. 배설처럼 우리도 실수를 한다. 하지만 더 중요한 것은 실패와 실수로부터 깨닫고 이를 통해서 더 많은 것을 배우는 것이다. 그리고 조직에서는 실수와 실패를 인정하는 문화를 만들어 이에 대한 배려가 하나의 조직문화가 되어 조직의 힘이 되어야 한다.

실수나 실패를 용서하지 못하는 문화에서는 구성원들이 함께 있는 것처럼 보이지만 이미 마음은 흩어져 있는 것이다. 이순신은 실수할 수도 실패할 수도 있다고 인정하고 배설에게 기회를 주었지만 그는 의미를 파악하지 못하고 있었다. 그리고 그 결과는 참담했다. 병을 핑계로 도망을 간 배설은 후에 권율에 의해 체포되어 서울에서 참수를 당하게 된다.

가족에게 사랑과 배려를 보여주다 **5**

배려가 몸에 배어있던 이순신은 가족에 대한 사랑도 누구보다 끔찍했다. 1583년 이순신의 아버님이 73세의 일기로 돌아가시자 관직을 버리고 온양으로 내려가 3년 상을 치르게 된다. 한편 이순신이 거느리는 가족을 보면 대가족임을 알 수 있다.

먼저 어머니, 부인과 자녀를 합쳐 모두 11명이 직계 가족이 되고 두 형님들이 남기고 간 식솔을 합하여 모두 24명이 가족으로 함께 다녔다. 조선시대에서는 관리가 너무 많은 식솔들을 데리고 다니면 '남솔' 이라하여 파면의 사유가 되었다.

이순신 역시 이러한 비난의 목소리를 듣게 되는데 이에 대해 "차라리 내가 남솔의 허물을 쓰고 벼슬이 떨어지더라도 이 의지할 곳 없는 조카들을 어찌 돌보지 않고 내버려 둘 수 있는가?"라고 말하며 가족들에 대한 사랑과 배려를 보여 주었다. 그렇지만 24명의 식솔을 먹여 살리기 위해 추호의 물욕을 부리지 않고 결백하게 살았다. 이순신의 난중일기를 보면 이순신이 자신의 가족을 사랑하는 마음이 애틋함을 엿볼 수 있는 구절들이 자주 나타난다.

1593년 5월 4일 맑다.
오늘이 곧 어머니 생신날이건만 이런 적을 토벌하는 일 때문에 가서 축수의 잔을 올리지 못하니, 평생 한이 되겠다…… −생략−

1594년 6월 15일 맑더니 오후에 비가 내렸다.
신경황이 영의정 류성룡의 편지를 가지고 들어왔다. 나라를 근심함이 이보다 더한 이가 없을 것이다. 지사 윤우신이 죽었다니, 애석할 따름이다. −중략− 아내의 편지에는 면이 더위를 먹어 심하게 앓았다고 했다. 괴롭고 답답하다.

1594년 1월 11일 흐리되 비는 오지 않았다.
아침에 어머니를 보려고 배를 타고 바람 따라 바로 곰내(고음천, 현재 여수시 웅천동 송현마을)에 대었다. 남의길·윤사행·조카 분이 함께 가서, 어머니 앞에 가서 뵈니 어머니는 아직 주무시고 계셨다. 화가 나서 소리 내는 바람에 놀라 깨어 일어나셨다. 기력은 약하고 숨이 금방 넘어갈듯 깔딱거려, 죽을 때가 가까워진 것 같아 감추는 눈물이 절로 내렸다. 말씀하시는 데는 착오가 없으셨다. 적을 토벌하는 일이 급하여 오래 머물 수가 없었다.

1594년 8월 27일 맑다.
−생략− 아침에 아들 울의 편지를 보니, 아내의 병이 위중하다고

했다. 그래서 아들 회를 내 보냈다.

  1596년 1월 1일 맑다.
  밤 한 시쯤에 어머니 앞에 들어가 뵈었다. 저녁나절에 남양 아저씨와 신 사과(오위의 정6품의 군사 직이며 부사직의 다음 벼슬)가 와서 이야기했다. 저녁에 어머니께 하직하고 본영으로 돌아왔다. 마음이 하도 어지러워 밤새도록 잠을 자지 못했다.

  1596년 5월 16일 맑다.
  -생략- 점심을 먹을 때 윤동구에게서 서울 관동(관동: 서울)의 숙모가 양주의 천천(양주 천천: 양주군 회천읍 회천)으로 피난 갔다가 거기에서 작고하셨다는 말을 듣고 통곡함을 참지 못했다. 그러나 언제부터 세상사가 이토록 가혹한가! 장사 지내는 일은 누가 맡아서 지내는지! 대진이 먼저 세상을 떠났다는 말을 들으니, 더욱 애통하다.

  이순신이 자신의 난중일기에 적은 구절들을 보면 개인적 고뇌가 하늘을 찌를 듯이 높은 것을 알 수 있다. 인간 이순신은 어머니의 건강과 아내와 자식들의 문제에 고민하는 전형적인 아버지의 모습이다. 이런 환경에 처해 있는 입장을 바꿔 생각해 보면 직장의 업무를 제대로 볼 수 있을까하고 가히 의심스러워진다. 가정의 애사(哀史)가 있게 되면 중요한 일들이 손에 잡히지 않는 일이 허다한데도 이순신은 외형적으로 한 번도 흐트러짐이 없었다.
  오히려 이순신은 그런 상황에서도 직장에서의 업무를 하나도 빠짐없이 꼼꼼하게 잘 챙겼다. 이것은 참아냄의 승리이자 버텨냄의 승리이기도 하다. 이런 이순신의 인간 됨됨이에 사람들은 감탄했다.

이순신이 난중일기에 나타난 가족들을 생각하는 배려는 가족에 대한 사랑의 증거이다. 그러나 이순신이 나라 일을 잘 하기 위한 노력의 증거이기도 했다. 그는 수신제가치국평천하라는 말으 의미를 잘 알고 있었다. "자신의 몸과 마음을 바르게 한 사람만이 가정을 다스릴 수 있고, 가정을 다스릴 수 있는 자만이 나라를 다스릴 수 있으며, 나라를 다스릴 수 있는 자만이 천하를 평화롭게 다스릴 수 있다."라는 뜻이다. 이순신도 먼저 가정이 평안해야 나라 일을 맘 놓고 할 수 있다. 그렇기 때문에 더욱 가정을 위한 생각을 많이 했을 것이다. 어머니를 모셔와 인근 부하의 집에 모셔서 함께 산 이유도 이순신이 궁극적으로는 나라 일을 잘하기 위한 길이었다.

요즘 기업에서는 기업 성과를 향상시키기 위해 가족들을 위한 프로그램을 많이 제안하고 있다. 가족초청 체육대회를 기획하는 것은 이러한 것 중에 고전프로그램에 속할 정도가 되었다. 배우자가 다니는 회사를 방문하고 함께 즐기면서 회사에서 준비한 다양한 운동도 함께 하니 즐겁고 이것이 가족의 화목을 돕게 되고 직원들은 더욱 열심히 일을 할 수 있는 분위기가 조성되는 것이다.

한편 기업에서는 맞벌이 부부들을 위한 여러 가지 시설을 만들어 직원들의 편의를 돕고 있다. 부모가 업무를 보는 낮 시간에 아이들을 맡아 돌보아 줄 탁아시설을 만들어 편의를 돕기도 한다. 결혼기념일이 되면 부부가 함께 즐길 수 있는 다양한 상품권을 증정하여 부부간의 관계가 더욱 좋아질 수 있도록 돕고 있다. 이러한 모든 것들이 가족을 배려하는 마음에서 시작된 것이다. 가족이 잘 되고 행복해야 조직의 성과도 향상되는 것이다.

휴넷의 조영탁 사장은 '행복한 직원이 행복한 고객을 만든다'고 이야기 하면서 직원들의 '행복 관리'는 기업을 이끌어 가는데 가장 기본적인 경영요소라고 주장한다. 행복 경영을 20년 해온 휴넷 조영탁 대표는 "기업이 성장하려면 직원들이 자기 일에 열정과 헌신을 갖고 몰입할 수 있도록 만들어 줘야 한다"고 강조하면서 "직원들의 직장과 가정, 일과 휴식 사이에 균형을 유지시켜, 직원과 그 가족까지 기업의 적극적인 지지자로 만드는 것이 필요하다"고 덧붙인다. 즉 가족에 대한 회사의 배려가 조직에서 일을 잘 할 수 있는 동기부여가 되는 것이다.

김학중 소장은 대교에서 20년간 근무하며 대표이사 자리까지 올랐던 사람으로 한국가정경영연구소를 만들어서 가정이 경영에 미치는 영향에 대해 주목하고 있다. 김학중 소장은 건강한 가정이 사회발전의 밑거름이라고 말한다. 가정의 불화나 해체를 겪는 직원들이 발생하면 일 할 의욕을 잃게 되고, 건전한 사고와 생활을 하지 못하게 돼 결국 그 기업의 경쟁력도 떨어지게 되기 때문이라는 것이다.

조영탁 사장이 있는 휴넷은 4년 근무한 직원들에게 재충전의 기회를 갖고, 직장과 가정생활의 균형을 이루도록 한 달 간 유급 휴가를 제공하고 있다. 또 일주일에 하루는 '해피데이'로 지정해, 가족들과 더 많은 시간을 보내도록 하고 있다. 조영탁 사장는 "기업이 단순히 일하는 곳을 떠나 자기계발과 평생학습을 하고, 직장과 가정의 조화를 이룰 수 있도록 제도적으로 뒷받침을 해주는 가족친화적인 기업문화를 만들어야 한다"고 말한다.

이순신이 가족에 대한 배려를 통해 스스로 나라 일을 잘할 수 있도록 했던 것처럼 오늘날 기업들은 가족경영을 성공할 수 있도록 도와줌으로써 기업의 성과를 향상시키도록 도와주고 있다.

6 | 군사들을 위한 배려를 하다

이순신은 총 9차례 출전을 하게 된다. 9차례 출전으로 23전을 하게 되었고 전승을 거두었다. 그런데 이순신의 출병 스타일을 보면 그분의 병사들에 대한 배려가 숨어져 있다. 이순신은 일반적으로 적후병을 통해 정보를 입수하되 입체적으로 분석하여 군선을 움직였으며 전투를 할 때에는 일반적으로 2시간 내외로 전투를 수행함으로써 속적속결로 전투를 치렀다. 불필요한 시간과 힘을 낭비하지 않기 위해 빠르게 공격한 것이다. 또한 전투를 치르고 돌아온 후에는 반드시 병사들을 쉬게 하여 힘을 보충하도록 배려하였다. 즉 정확한 정보로 목표를 확실하게 정하고 속전속결로 적을 공격한 후에 다시 본영으로 돌아오는 프로세스를 가지고 전투에 임했다. 그렇기 때문에 군사들은 효과적으로 왜적과 싸울 수가 있었고 휴식을 통해 얻은 에너지를 다음 전투에 사용할 수 있었던 것이다. 정확한 정

보를 수집하여 목표를 명확하게 잡고 속전속결로 적을 궤멸하고 빠지
는 정보전과 속도전을 통한 전투를 했다.

　휴식의 방법에는 정신적 휴식과 육체적 휴식이 있는데 구성원을 칭
찬하고 인정하는 것이 정신적 휴식에 해당한다면 전투에 지친 몸을
편하게 해주는 것이 육체적 휴식이다.
　현대의 기업에서도 휴식에 대한 다양한 방법들이 활용되고 있는데
궁극적으로 휴식을 통한 생산성의 향상이 목적이다. 즉 휴식도 당당
한 업무 과정이다. 휴식을 업무와의 단절로 생각하고 비용이라 치부
할 수도 있으나 이는 구태의연한 생각이다. ‘생산성’과 ‘휴식’의 사이
에는 상당한 양의 상관관계가 있다. 우리가 5일이나 6일 동안 일을 하
고 하루를 쉬게 되는 것은 바로 휴식을 통해 생산성을 향상시키고 조
직의 목적을 달성하고자 함이다.

　이순신은 전쟁 중에 어떻게 군사들에게 휴식을 줄 수 있는지를 고민
했다. 그것은 전쟁의 승리와도 밀접한 관계가 있는 것인데 밀도 있게
시간을 쓰고 남는 시간으로 군사들에게 휴식을 주는 것이었다. 충분
한 정보과 전략으로 전투를 준비하여 순식간에 왜군을 섬멸하는 것이
었다.
　휴식을 통해 우리는 ‘새로운 기회’와 아이디어를 얻을 수 있다. 구태
의연한 방식에 얽매이지 않는 뛰어난 휴식 기법은 탁월한 기회 창출
을 의미한다고도 볼 수 있는 것이다. 즉 휴식은 ‘발전을 위한 기회’를
뜻하는 것이다. 특히 IT기업에서는 휴식을 매우 중요하게 생각하는데
이는 휴식을 통한 창조적 사고가 가능해지고 그러한 창조적 사고가
기업을 발전시키는 원동력이 되기 때문이다. 드림웍스라는 영화회사

의 경우도 직원이 필요하다면 아무 때나 다양한 방법으로 휴식을 취할 수 있다. 음악을 듣거나 만화를 보거나 스포츠를 즐기며 휴식할 수 있다. 이러한 휴식에는 새로운 아이디어와 기회가 숨어 있다.

그런데 아직도 휴식을 취하면서 죄책감을 느낀다면 속히 이를 떨쳐 버리고 휴식을 '창조적 심호흡' 단계가 되도록 애써야 한다.

작가이며 의사인 해롤드 브룸필드와 로버트 쿠퍼 박사는 "창조적 심호흡 단계에는 건강 증진뿐만 아니라 잠시나마 무의식적인 영감과 교류하며 기억력을 확장하고 활기를 되찾는 과정이 내포되어 있다."라고 말했다. '휴식이란 결코 일과 동떨어지지 않는다' 는 것이 아니다. 다음 스텝을 밟기 위한 준비 단계다. 그렇기 때문에 휴식이란 업무진행 과정에서 꼭 필요한 일 그 자체이다.

조직 구성원이 업무를 수립하듯 휴식의 장기적인 측면에서의 이익을 고려해야 한다. 전반적으로 생산력 및 창의력 창출과 적절한 휴식과는 양의 상관관계가 있다. 기본적으로 우리에게 업무와 휴식은 동일한 목표 달성을 위해 지속적으로 함께 실행해야만 하는 업무 과정이라고 생각해야 한다. 그러므로 여유로운 휴식 과정에 대해 결코 일말의 죄책감도 갖지 말아야 한다. 이러한 휴식을 통해 목표 달성의 여러 요소-명확한 목표 설정, 실력 함양, 정확성-가 향상된다.

이순신이 전투를 벌였던 시기에는 일부러 시간을 내서 휴식할 수 있는 여유가 없었을 것이다. 싸움에 임해서는 전투를 수행하고 전투 후에는 다음 전투를 위한 준비와 정리를 해야만 했다. 한편 농번기가 되면 농사도 지어야 했기에 군사들이 휴식할 시간이 충분하지 못했다. 이순신은 이러한 군사들의 휴식을 위한 배려를 전술적으로 풀었는데 바로 철저한 준비로 수행하는 속전속결의 전투였다. 이는 수적 열세

에 있던 조선수군이 남해안 지형을 활용한 게릴라식 전투였기에 왜적
은 오랜 기간 동안 정신을 차리지 못하고 있었다.

　이순신은 빠른 속도전을 통해 전술적인 두 가지 효과를 보게 되는
데 이는 왜적을 빠르게 섬멸할 수 있었던 것이고 또 하나는 군사로 하
여금 휴식을 취할 수 있는 시간을 주는 배려가 담겨져 있는 것이다.

7 | 배려로 명나라 수군 도독 진린을 감동시키다

이순신의 전투는 왜적과의 전투만이 아니었다. 왜적뿐 아니라 조선조정과도 싸워야 했고 조선을 도우러 왔다고 하는 명나라 군과도 싸워야 했다. 명나라 수군은 왜적과의 전쟁이 끝나가는 무렵인 1598년 7월에 만나게 된다. 1598년 7월 16일에 명나라 수군을 위한 환영식을 베풀었다. 7월 24일은 이순신과 명나라 수군 도독 진린이 한산도 운주당에서 함께 술을 마시고 있는데 명나라 군관이 보고하였다.

"오늘 새벽 왜군을 만나 조선수군이 모조리 잡았지만 명나라 수군은 풍세가 불순하여 싸우지 못했습니다."라고 보고하자 진린 도독은 역정을 내며 수치심을 감추려 하였다. 이에 이순신은 "진린 도독! 그만 고정하시죠. 제가 볼 때는 멀리서 조선을 도우러 왔으니 진중에서 승리한 것은 모두 진린 도독의 공로입니다. 그러니 우리 수군이 얻은 왜군의 수급은 모두 진린 도독에게 드리겠습니다. 도독이 이곳에 온지 얼마 안 되어 이런 전공을 세운 것을 황제가 안다면 얼마나 좋아하시겠소.”라며 배려하였다. 이에 진린 도독은 이순신을 칭찬하며 기뻐했다. 이에 이순신은 포획한 적선 6척과 적병의 수급 69개를 모두 진린에게 주었다. 진린은 이것을 서울 명군 사령부로 보냈다.

이순신의 배려는 전쟁터에 있는 미련한 진린 도독에게도 이뤄졌다. 이러한 배려에 진린 도독은 명나라에 신종에게 건의하여 이순신에게 명조팔사품을 받도록 해 주었다. 진린 도독이 이순신의 인품과 전략 전술에 감격한 결과이다. 명조팔사품은 참도, 귀도, 곡나팔, 도독인, 영패, 남소령기, 홍소령기, 독전기로 이루어져 있고 현재도 한산도에 있다. 명조팔사품은 이순신을 도독으로 임명하는 징표로서 그 능력을 인정받은 것이다.

이순신은 명나라 군사들이 조선 백성을 유린하고 있음을 알고 있었다. 적과 싸우기도 힘든 판국에 도우러 왔다고 하는 명나라 군사들이 우리 백성에게 횡포를 부린다는 사실을 알고 있음에도 불구하고 이순신은 저들을 설득하기 위한 거짓 배려까지 행했다. 이순신에게 있어 지켜야 할 사람은 우리 백성이지 명나라 수군이 아니었에 때문이다.

배려는 남을 도와주거나 보살펴 주려는 마음을 뜻한다. 경제적으로 부하거나 높은 지위에 있는 사람이더라도 남을 도와주거나 보살펴 주려는 마음이 없다면 배려가 있는 것은 아니다. 그러므로 배려리더십은 매우 부드럽고 상대방을 이해하는데서 출발한다. 강압적이고 독단적 리더십과는 매우 다르다. 배려리더십은 상대방의 입장에서 필요한 것과 도움이 될 만한 것을 주는 것이다. 내가 그 입장에서 그를 살펴보아야 가능한 것이다.

현대기업에서는 각박한 조직문화로 인해 개인주의 관심이 매우 크다. 자기 일에만 관심이 있고 자기 일에 관련된 경우에만 대화를 하려고 한다. 개인주의가 매우 팽배한 사회가 된 지 오래다. 또한 인터넷의 발달로 사람을 면대면으로 만나기보다는 온라인 상으로 만나는 것이 점점 편해지는 세상이 되었다. 이러한 관계 속에서 배려리더십은 퇴색할 수밖에 없다. 그러나 이러한 관계 속에서 우리가 배려리더십을 제대로 사용하여 상대방을 도와주거나 보살펴 주려 한다면 배려리더십은 더욱 빛날 수 있다.

누군가 내가 어려울 때 나를 위해 등불을 밝혀주고 도움을 준다는 것을 안다면 우리의 조직은 더욱 발전해 갈 수 있다. 사회생활을 하다 보면 나에게 좀 더 배려를 베풀어 주는 사람이 있다면 더욱 호감이 가기 시작하고 이러한 배려가 지속되면 배려해 주는 그가 좋아지고 그를 따르게 된다.

어려울 때 도와주는 것 뿐 아니라 경청하여 이야기의 내용을 잘 듣는 것만으로도 배려가 될 수 있다. 대단한 선물을 주거나 목숨을 구해주는 것은 아니지만 작은 정성과 작은 관심이 배려가 되어 상대방의 마음을 활짝 열게 할 수 있다. 많은 사람들이 배려를 대단한 것으로 인식하고 있지만 절대 그렇지 않다. 옆에서 맞장구치며 이야기를 들어주는 것도 배려이다.

이순신은 많은 허물이 있었던 명나라 도독 진린에게도 배려할 줄 아는 아량이 있었다. 난처한 입장이 된 명나라 군사들에게 적의 수급을 전달해 주고 이를 보고토록 도와주니 진린은 감동을 받았다. 진린은 이를 명나라에 보고하여 이순신이 8가지 선물을 받도록 하였다. 이처럼 어려운 중에도 배려를 베풀게 되면 기쁨의 선물을 받을 수 있다.

이순신은 마지막 전투인 노량해전에 죽을 각오로 임했던 것을 여러 정황을 통해 알 수 있다. 명나라 도독 진린은 이순신에게 남해에 가서 전투를 하겠다고 주장하였지만 이순신은 일본으로 돌아가는 왜적을 노량에서 맞기로 하고 출전을 감행했다. "절대로 한 놈도 일본으로 돌려보낼 수 없다."라는 것이 이순신의 다짐이었다.

조선함대는 60척으로 선두에 있었고 마지못해 뒤따라온 명나라 함대는 200척이 되었다. 드디어 노량에서 조명연합군 앞에 왜적의 함대가 나타났다. 이순신은 북서풍을 이용한 맹렬한 화공을 퍼부었고 왜적은 허둥대면서 관음포쪽으로 도망치기 시작했다. 왜적은 실수를 한 것이다. 관음포가 퇴로인 줄 알았지만 물길이 막혀 왜군은 배수의 진을 치고 조선함대와 최후의 일전을 벌여야 하는 형세가 되었다.

이순신은 더욱 강하게 북채를 잡고 전투의지를 고취시키고 있었다. 관음포에 묶인 왜적들은 필사적으로 싸우게 되었고, 이순신 역시 이 전투에서 승리하기 위해 목숨을 바쳐 근접전을 불사하였다.

이렇게 노량바다에서 치열한 전투가 일어나고 있을 때 한 발의 조총 탄환이 이순신의 겨드랑이를 관통하여 심장 가까이에 박혔다. "싸움이 급하니 내가 죽더라도 알리지 말라."며 이순신은 최후의 명령을 내렸다. 그리고 곧 숨을 거두게 되었다.

이순신은 최후의 한마디마저도 군사들의 사기를 떨어뜨리지 않기 위한 한 마디였다. 이순신의 죽음은 같은 전함에 있던 심복 정희립도 몰랐을 정도로 싸움은 급박했다. 이순신의 마지막 유언은 승기를 잡은 조선수군의 보이지 않는 힘이 되어 노량에서의 큰 승리를 하였다.

이순신의 마지막 명령은 조국을 지키고 있는 군사들에 대한 간곡한 당부였고 군사들의 용맹을 잃지 않게 하기 위한 마지막 배려였다. 또한 풍전등화와 같던 나라를 살리기 위한 마지막 배려였던 것이다. 이순신은 죽음 앞에서도 의연하였고 그의 대쪽 같은 품성을 그대로 보여주고 떠나신 것이다. 이순신의 죽음은 많은 사람이 알지 못하는 죽음이었지만 그의 죽음은 나라를 구한 거룩한 순국이었다.

누구든지 여유 있고 건강하고 태평할 때 남을 위해 배려하는 것은 쉬운 일이나 죽음에 이르면서까지 배려하는 마음을 주는 것은 참으로 어려운 일이다. 그러기에 죽음 앞에서도 의연하게 군사들이 최선을 다해 나를 구할 수 있도록 한 이순신에게 우리는 머리가 절로 숙여지는 것이다.

이순신은 노량해전을 통해 왜적에게 복수할 수 있는 마지막 기회라는 것을 잘 알고 있었기에 목숨을 던져서 해전에 임했다. 이미 명나라와 일본이 휴전에 대한 암묵적인 합의를 한 것을 이순신은 잘 알고 있었기에 이번 해전이 아니고서는 조선 산하를 유린한 왜적에게 복수할 기회가 없음을 알고 있었다. 그래서 북채를 잡고 깃발을 들고 전투를 독려했던 것이다. 그러므로 이순신의 마지막 배려는 조국을 위한 배려였다. 죽음으로써 조국이 원수를 갚고 다시는 조선을 넘보지 못하도록 만들기 위한 배려였다.

Yellow

이순신의 지혜

지혜와 지식은 다르다. 지식은 세상에 널리 펴져 있는 보편적인 정보이며 이론이다. 하지만 지혜는 지식을 기반으로 하여 이해하고 응용하고 경험이 함께 어우러져 발전해 나가는 것을 의미한다. 우리는 언제든지 인터넷을 통해 통해 다양한 지식들을 구할 수 있지만 지혜는 그렇지 않다. 삶에 대한 사랑과 열정이 지식과 함께 녹아져 갈 때 지혜는 생성될 수 있다.

이순신은 지식을 넘어 지혜를 가진 진정한 지혜의 리더였다. 사람의 심중을 아는 지혜, 전투를 승리로 만드는 지혜, 자연이 돌아가는 모습과 그 의미가 무엇인지를 아는 지혜를 가진 리더였다. 풍전등화와 같은 나라의 어려움 속에서 이순신은 지혜를 모아 국난을 극복한다.

이순신은 적재적소에 필요한 사람을 보는 지혜가 있었다. 나대용을 거북선 건조 책임을 맡기고 이의온에게는 군량미 확보와 관리를 맡겨 각자가 갖고 있는 재주들을 십분 발휘하도록 하였다. 적의 장단점에 정확하게 꿰뚫어 보는 지혜가 있었다. 해전에서의 승리를 이끌어 낸 모든 전투방법은 이순신이 틈만 나면 연구한 병법이 결과였다.

이순신의 지혜는 미래를 예견하기까지 했는데 바로 임진왜란과 정유재란인 것이다. 이순신은 이 날들을 예견하고 혼자서 전쟁을 준비했다.

환경이 급속하게 변하는 무한 경쟁의 시대에는 더욱 지혜 있는 인재들이 필요하게 된다. 환경과 조직이 급변하고 있는 현재와 미래는 이순신처럼 지혜로 준비하는 자들에게는 기회의 시간이 되지만 그렇지 못한 자들에게는 가장 위험한 위기의 시간이다.

Yellow

임진왜란이 일어나기 전 일본에서는 도요토미 히데요시가 관백의 자리에 올라 분열되었던 전국시대를 통일하며 국력을 결집시키고 있었다. 미천한 신분이었던 히데요시는 만인지상의 관백에 오를 만큼 치밀하고 잔인하였다. 그렇기 때문에 도요토미 히데요시는 100년이 넘는 내란과 전쟁에 의해 백성들이 극도로 지치고 시달려 있는 불안한 정국을 타개하기 위해서 정명가도를 빌미로 조선을 침략하게 된다.

이러한 일본의 움직임에도 불구하고 당시 조선조정은 당파싸움에만 빠져 있었고 설상가상으로 잦은 민란과 흉년으로 인해 국력이 극도로 약해지고 있었다. 조선의 모든 땅은 피폐해졌으며 양반들의 사리사욕으로 백성들의 불만은 극에 달한 상태였다.

국란을 대비해야 할 대부분의 군영은 부패했으며 군인들의 기강은 해이해졌고, 백성들이 군에 대한 불신으로 군사를 모집하여 훈련시키는 것조차 어려웠다. 더군다나 수군의 방어체계를 믿지 못하는 조정은 해전보다는 육지에서의 방어에 신경을 쓰고 있었다. 이처럼 임진왜란이 발발하기 직전의 조선은 백척간두의 위기 앞에 아무런 준비가 되어 있지 못한 상태였다.

전쟁을 수행하기 위해 전라좌수영이 거느리고 있어야 할 전선은 50척이었고 군사는 8천 명을 보유해야만 했다. 그러나 이순신이 부임하던 때에는 불과 25척의 판옥선과 4천 명의 병력으로 절반 밖에는 준비가 되지 못했었다. 이러한 상황아래서 임진왜란이 발발하기 14개월 전에 전라좌수사로 부임한 이순신은 홀로 전쟁에 대비하기 시작했다. 그는 전선을 수리하고 무기를 정비하고 화약을 비축하는 한편, 봉수대를 쌓고 큰 돌을 날라 구멍을 뚫고 거기에 쇠사슬을 박아 명량 앞바다에 가로질러 놓았다. 또한 군대를 불철주야 훈련시키는 등 임전태세에 전력을 투구하였다.

당시 조선의 육군은 조선 초기에 만들어진 군사체제가 무너져 사실상 유명무실해졌다. 당시 지방군은 진관제로 전쟁이 일어나면 자기가 맡은 지역은 스스로 지키도록 하는 개념이었으나 지역별로 자기 구역을 맡아 지킬 수 있는 능력을 갖추지 못해 문제점을 드러내고 있었다. 그나마 조선 수군은 왜구의 해상침노를 대응하기 위해 육군보다는 강했지만 임진왜란이 발발하기 직전에는 이 모든 것이 유명무실한 상태였다.

이순신은 왜군이 전라우수영까지 닿지 못하도록 대비를 해야 하기에 개전 초기에 출전시기를 늦출 수밖에 없었다. 이순신은 본영수비를 위하여 5척의 판옥선을 더 건조하여 본영인 여수에 배치하고, 군사 500명 이상을 징발하여 본영수비에 만전을 기하였다. 하나의 정부를 운영하는 방식으로 그 전쟁을 수행해 나간 것이었다.

이순신의 이와 같은 철저한 준비는 전쟁에서 승리를 하기 위한 기본 바탕이었다. 유비무환이라는 말을 인터넷에서 검색을 해보면 대부분 이순신에 대한 이야기로서 그만큼 유비무환하면 이순신을 떠올릴 정도로 그는 임진왜란을 철저하게 준비한 사람이었다.

18세의 나이에 독일 슈투트가르트 발레단에 최연소로 입단한 강수진이 있다. 그녀의 발은 모든 사람으로 하여금 경악을 금치 못하게 하는데 그녀의 발이 발레로 인해 그녀의 몸 무게를 지탱하다 보니 차마 보기 어려울 정도로 흉해졌기 때문이다.

그녀가 18세의 나이로 슈투트가르트 발레단에 입단은 하였지만 동양인이라는 이유 때문에 그녀에게는 군무조차 배역이 주어지지 않았다. 무대에 서면 주목 받을 수 있는 동양인이기에 그녀에게는 많은 사람이 함께 춤을 추는 군무에 조차 끼지 못했던 것이다. 이로 인해 강수진은 폭식증에도 걸리고 자살 충동까지 느꼈다고 한다. 그러나 그녀는 이 먼 타국 땅에 와서 "발레로 성공해야 한다"라는 의지로 다시금 토슈즈를 신었다.

하루 15시간에서 19시간의 고된 훈련이 계속되었다. 1년에 1천 켤레의 토슈즈를 바꾸어야 했다. 군무에 조차 끼지 못했기 때문에 그녀에게 더 많은 연습시간이 주어졌다. 연습이 쌓일수록 그녀의 기량은 점점 늘어갔고 서서히 최고의 발레리나가 되어 있었다. 그녀의 연습은 그녀를 점차 세계 최고의 발레리나로 만들어 가고 있었다. 지금은 슈투트가르트의 최고의 수석 무용수로서 화려한 주인공의 연기를 하고 있지만 지금도 그녀는 하루에 8~9시간을 연습에 투자하고 있다.

1분을 연습하지 않으면 내 라이벌에게 그 만큼 뒤쳐질 수밖에 없다는 것을 잘 알고 있기 때문이다. 이러한 그녀의 준비가 세계최고의 프리마 발레리나를 만든 것이다.

준비하는 자에게 모든 기회는 열려 있는 것이다. 그리고 준비하는 자는 그 기회를 볼 수 있는 혜안이 생기게 된다. 나의 준비 시간은 나의 성공과 비례하고 있음을 알게 된다. 이순신은 전라좌수사로 부임하면서 홀로 14개월간 임진왜란을 준비했다. 이것은 그에게 미래를 볼 수 있는 지혜의 혜안을 가지고 있었기 때문이다.

1592년 5월에 출전한 옥포해전에서 이순신이 첫 번째 승리를 거둘 수 있었던 요인에는 옥포의 오목한 지형을 이용해 적을 가두어 놓고 섬멸시키는 전술을 발휘한 이순신의 지혜가 있었다. 옥포가 있는 거제도는 해안선이 구불구불하여 수많은 만(灣)들이 발달해 있는데, 옥포만은 거제도의 다른 만들에 비해 비교적 큰 만이다. 거제도의 만들은 중간에 산들이 있어서 만과 만사이가 육안으로 관찰하기 어렵게 되어있다. 그것이 이순신에게는 매우 유리한 지형이였다. 그래서 옥포만 싸움 때에도 이순신 함대의 주력 부대는 산 뒤쪽으로 숨어있었고 좁은 만의 입구를 막아놓고 적들을 가두어 왜군은 한 척도 살아남지 못하게 된 것이다.

1592년 7월 10일은 이순신이 우리에게 잘 알려지지 않는 해전을 벌인 날인데 바로 안골포 해전이다. 7월 10일 새벽에 안골포에 도착하니 일본 함대 대선 21척 등 42척이 정박 중이었다. 안골포는 수심이 얕아 판옥선과 같은 큰 배가 쉽게 들어갈 수 없었다. 이 때문에 이순신은 일본 함대를 유인하는 작전을 시도하게 된다. 그러나 견내량에서 패배한 것을 전해 들은 일본함대는 응전하지 않았다. 이순신은 지혜를 발휘하여 전선 몇 척으로 교대로 포구에 출입하면서 각 종 총통을 발사하고 화전으로 집중 공격을 했다. 이런 방법으로 이순신은 정박해 있던 일본함대를 분멸하면서 다수의 살상을 하게 되었다. 일본 잔존군은 육지로 도망을 가 백성들에게 피해를 주기 시작했다. 이순신은 공격을 중지하고 물러나와 안골포 근처에서 지내게 되었다. 안골포 전투의 결과를 정확하게 기록한 것은 없으나 일본의 기록에 의하면 20여 척의 군선을 잃었다고 한다. 안골포 해전에서 많은 군선이 피해를 입었고 나머지 군선들은 야음을 틈타 부산으로 도망을 쳤다. 육지에 있는 일본 패잔병들의 처리를 경상우수사에게 맡기고 이순신은 3차 출전을 마치고 본영으로 돌아가게 된다.

안골포 해전을 통해 이순신은 다양한 방법으로 일본함대를 궤멸하는 방법을 사용하게 된다.

안골포의 특성상 조선수군의 주력함인 판옥선은 크기 때문에 들어갈 수 없었다. 일본함대도 이러한 조선수군의 약점을 잘 알고 있는 듯했다. 안골포에서 나오지 않고 지역 백성들을 유린하고 있었다. 이러한 대치상황에서 이순신은 썰물과 밀물을 이용하고 불화살과 장거리 화포로 적선을 궤멸시켰다. 이에 일본해군은 큰 피해를 입게 되었던 것이다. 또한 백성을 위한 마음으로 일본 군사들이 육지에 올라 우리 주민들에게 피해를 주자 이를 최소화하기 위하여 공격의 템포도 조절하였다.

왜군들이 퇴로를 열어주어 도망하게 함으로써 우리 백성들이 더 이상 다치지 않게 하였다. 이 안골포 해전은 도요토미 히데요시의 직속 수군을 궤멸한 승리였기에 더욱 값진 승리가 되었다.

 교보생명 신용호 회장은 타조론과 독수리론을 이야기 하면서 조직의 리더라면 독수리의 시야를 가져야 한다고 했다. 타조는 지상에서 가장 빠른 새고 눈이 좋지만 날지 못하기 때문에 일정한 거리밖에는 볼 수 없다. 즉 타조는 아무리 고개를 들고 본다고 해도 볼 수 있는 것에 한계가 있다. 그러나 독수리는 땅으로부터 멀리 떠 있기 때문에 아주 먼 곳까지 볼 수 있다. 약간은 비현실적이고 환상적일 수도 있지만 독수리는 타조가 볼 수 없는 아주 먼 미래의 현상도 볼 수 있다. 우리가 소속된 조직에서는 타조형 리더보다는 독수리형 리더를 원하고 있다. 지혜의 눈으로 하늘 높이 떠서 미래를 명확하게 내다볼 수 있는 리더가 필요하다.

 이순신은 독수리 시야로 백성까지 돌보는 것을 늘 염두해 두고 있었다. 만약 이순신이 육지에 있는 백성들을 생각하지 않고 안골포에서 일본함대를 계속 공격했다면 육지로 올라간 왜본 수군에 의해 백성의 피해가 매우 컸을 것이다. 백성들을 피폐하게 만들고 온갖 만행을 저질렀을 것이다. 하지만 적절하게 템포를 조절하고 그들이 도망갈 수 있는 길을 열어주기까지 했다. 구석에 몰린 쥐는 오히려 고양이를 물어버린다는 중국속담이 있다. 이순신은 우리 백성들이 피해가 최소가 될 수 있도록 지혜롭게 안골포해전을 치르게 하였다.

3 | 23전 23승은 지혜에서 나왔다

손자병법에 보면 지피지기백전백태(知彼知己百戰百殆)이라는 말이 있다. 즉 "적을 알고 나를 알면 모든 전쟁에서 위태하지 않다"고 했다. 즉 지피지기 백전백태란 상대를 알고 나를 알면 백 번 싸워도 위태롭지 않다는 뜻으로, 상대편과 나의 약점과 강점을 충분히 알고 승산이 있을 때 싸움에 임하면 이길 수 있다는 뜻이다. 이순신은 불가피한 경우가 아니라면 무모하고 저돌적인 행동을 삼가하고 적에 대한 철저한 연구로 위험을 최소화하는 전략을 택했으며, 지형과 조류 등을 최대한 활용해 승리를 거뒀다.

이순신은 총9차의 출전을 통해 23번의 해전을 치르게 된다. 세계 어느 해전사에도 없는 23전 23전승을 기록하는데 23전승을 하면서 이순신은 철저한 정보전을 펼치게 된다. 이순신은 우리 해군의 전력을 누구보다도 잘 파악하고 있었다. 왜군에 비해 수적으로 약한 조선수군이 전면전을 펼쳐서는 승리할 수 없음을 알고 있었기에 철저한 작전준비에 의한 해전을 치르게 된다.

척후선을 보내어 일본 전선의 정박지와 세력을 간판하고 조수, 자연환경 등을 고려한 해전을 준비했다. 이순신은 육지와 떨어진 먼 바다에서 결코 전투를 벌이지 않았는데 먼 바다로 나가 전투를 할 경우 전면전 양상이 될 뿐 아니라 해안을 이용한 작전을 펼 수 없기 때문이었다. 즉 전력이 약한 조선 수군이 적절하게 몸을 숨기고 공격을 감행할 수 있는 근해에서 만 전투를 했다. 이것은 우리 조선 수군이 사용해야 할 장점을 완벽하게 활용을 한 것이고 원정 나온 왜군이 가지고 있는 정보의 한계점과 약점을 완벽하게 활용한 전투였다. 또한 해전 초기의 승기를 잡기 위해 이순신은 많은 지혜를 발휘하게 된다.

적장의 목을 베어 배위에 걸어 놓음으로써 아군의 사기를 올리는 반면 적의 사기를 일시에 꺾었다. 또한 초기 승기를 잡기 위해 기습전을 많이 사용하였다. 왜군의 장점은 접근하여 육박전을 하는 것이었다. 왜군이 사용하는 빠른 전선을 이용하여 아군의 판옥선에 접근하여 육박전이 일어난다면 조선 수군은 상당히 불리한 싸움을 할 수 밖에 없었다. 또한 왜군이 사용하는 조총은 화살보다 강력한 살상효과가 있었으나 유효거리가 100미터가 채 되지 않았다. 그렇기 때문에 접근전을 벌이기 전에 왜군수군의 조총사거리가 미치지 못하는 거리에서 대포로 왜군의 예봉을 꺾어 적의 대열을 혼란에 빠뜨린 뒤 돌격을 감행하여 승리를 이끌어 내는 전법을 구사했던 것이다.

이순신은 해전을 승리할 수 있는 다양한 핵심 성공요인을 잘 알고 있었다. 고도의 심리전을 이용하여 초기 조선 수군의 전투의지를 고양시켰으며 왜군의 적장선을 집중 공격하여 초기에 적의 사기를 꺾었다. 또한 무리한 공격을 절대 삼가함으로써 불필요한 소모전을 최소화하였다. 이순신은 이길 가능성이 있는 전투를 치밀한 전략과 철저한 준비를 통해 반드시 승리로 이끌어 갔다. 결코 무모한 공격을 통해 기적적인 승리를 이끌었던 것이 아니다.

이순신은 철저한 분석과 정보 수집을 통해 조선수군의 강점과 약점을 잘 알고 있었고, 왜군의 강점과 약점도 잘 파악하고 있었다. 이순신은 육지와 떨어진 먼 바다에서 결코 전투를 벌이지 않았다. 전력이 약한 조선 수군이 적절하게 몸을 숨기고 공격을 감행할 수 있는 근해에서만 전투를 했고, 왜군의 조총격사거리가 미치지 못하는 거리에서 대포로 왜군의 예봉을 꺾어 대열을 혼란에 빠뜨린 뒤 돌격을 감행하여 승리를 이끌었던 것이다.

승기를 잡았기 때문에 과욕을 부리면 왜군의 본영인 큐슈의 나고야까지 가서 전쟁을 치를 수도 있지만 이순신은 절대로 과욕을 부리지 않았다. 군사전략에 대해 무지한 선조와 정부대신들이 일본군의 본영을 공격하라는 무리한 요구를 했을 때에도 이순신은 거부했다. 이순신은 당시 조선 수군의 전력상 일본군의 본진을 이길 수 없다고 판단했던 것이다. 이순신은 아군이 알고 있는 모든 정보를 최대한 활용하고 적이 두려워 하는 심리를 최대한 활용함으로써 23전승의 대기록을 만든 것이다.

경영학에 SWOT분석이라는 것이 있다. 나와 경쟁상대와의 강점(Strength), 약점(Weakness), 기회(Opportunity), 위협(Threat)을 분석하여 경쟁에서 승리할 수 있는 전략을 세우는 것을 의미한다. SWOT분석은 기업 경영 전략을 수립하는데 매우 유용한 도구이다. 네 가지 요인 중에서 강점과 약점은 기업 내부적인 측면에서 활용 가능한 자원과 지식 그리고 인재를 의미한다. 기회와 위기는 외부환경에 의해 만들어지는 것이다. 이 중에서 내부적으로 강점을 외부적으로 최대한 활용할 수 있다면 기업 운영의 최고의 성과를 낼 수 있다.

　시대를 초월해서 정보가 승패를 좌우한다. 이순신은 해안지형, 조수의 흐름, 자연환경을 알고 있는 정보와 이를 알고 있는 인재를 확보하고 있는 내부적 강점을 가지고 있었고 이를 적과의 전투에서 최대한 활용하기 위해 노력했다. 한편 왜군은 조선의 해안지형, 조수의 흐름 등 자연환경에 대해 익숙하지 않았으며 이로 인해 많은 위협을 당하고 있었다. 이순신은 조선 수군의 장점과 일본해군의 약점을 제대로 찾아 정확하게 활용하였다.

4 | 해전의 승리는 SWOT분석에서 나왔다

일본 침략군은 총 28만 6천 명으로서 제 1군부터 16군까지 나누었다. 이 가운데 1차로 1군부터 9군까지 15만 8천 명을 총사령관 우키다 히데이에가 이끌고 침략을 감행하게 된다. 이중 8군의 1만 명은 대마도에 제 9군 1만 1천 명은 이키시마에 대기하고 있다가 뒤따르게 하였다.

한편 나머지 10군부터 16군까지의 11만 8천명은 큐슈의 나고야에 대기토록 하였다. 한편 왜군 중에서 수군은 이 중에서 9천 명에 지나지 않았다. 이처럼 일본 수군이 적었던 이유는 당시 일본군은 육군과 수군의 구분이 정확하지 않았다는 것과 수군의 역할이 물자 수송에 치중되어 있었다는 점이다.

일본은 사실 육군을 주력부대로 하여 조선을 초토화시킬 생각이었으므로 수군의 역할에 크게 의미를 두지 않았다. 단지 육군을 돕는 역할로서 병참선과 수송의 역할을 해준 것으로 족하게 생각했던 것이다. 그렇기 때문에 일본 수군은 일본 군사들을 부산포에 내려놓고 남해안 여러 곳에 정박하여 조선백성을 유린하는 짓을 하게 된다.

이러한 점을 잘 알고 있었던 이순신은 조선 수군이 일본 수군을 초토화시키면 반드시 임진왜란은 승리할 수 있음에 확신을 가지고 있었다. 일본 수군을 초토화시킨다는 것은 보급로를 차단하고 일본 본국과 조선 정벌군과의 연결을 끊는다는 것을 의미하고 이를 통해 일본군을 혼란에 빠지게 함으로써 전투력을 상실하게 될 것이라고 믿고 있었다. 이러한 이유로 선조가 해전을 포기하고 육전으로 응하라고 했을 때도 이순신은 해전만이 나라를 구할 수 있는 방법이라고 장계를 올렸다.

이순신은 조선 육군의 상태를 잘 알고 있었고 파죽지세로 반도를 점령하고 있는 일본 육군을 잘 알고 있었다. 만약 이순신이 해전을 포기하고 육전에 가담했다면 일본육군의 조총에 어이없이 당했을 것이다. 일본육군은 이미 일본내전을 통해 전투력도 매우 강성해졌고 전투에 대해서는 누구보다도 자신감이 있었다.

일본 육군의 상황을 이순신은 잘 파악하고 있었기에 육전에서의 조선이 승리할 수 있는 확률이 매우 희박하다는 것을 알고 있었다. 그렇기 때문에 죽을 때까지 해전이 전쟁 승리의 해답이라고 생각했던 것이다. 이러한 이순신의 지혜는 오랜 기간 일본군에 대해 파악한 결과이다.

저명한 경영학자 피터 드러커는 인간이 성과창출은 약점이 아니라 강점에 달려 있다고 하면서 훌륭한 경영자는 사람들의 약점에 근거하여 조직을 발전시킬 수 없다고 이야기했다. 성과창출을 위해서는 동료, 상사, 자신의 강점을 활용해야 한다고 했다.

　강점을 생산적으로 만드는 것이야말로 조직의 고유한 목표이자 과제여야 한다고 그는 말했다. 사람들은 약점은 보완하고 강점은 강화하라고 한다. 그러나 인생의 승부는 약점보다는 강점에 의해서 나타나기 때문에 약점을 보완하는 일보다는 강점을 더욱 강화시키는 일에 자원을 투자해야 한다.

　이순신은 육군과 해군의 약점과 강점을 잘 알고 있었다. 그는 함경도에서도 근무해 보았고 중앙 정부에서도 일을 했고, 왜란 전에는 전라좌수사로 부임하여 일하기도 하였다. 그렇기 때문에 이순신은 조선 육군이 장단점과 수군의 장단점을 잘 알고 있었다. 이런 이유로 조선을 구할 방법은 해전이었던 것이다. 해전에서 결판을 지어야 조선을 구할 수 있었던 것이다. 이러한 이순신의 판단과 노력으로 조선은 잃었던 전쟁의 주도권을 빼앗아 왔고 종전할 수 있는 계기를 마련하게 된 것이다.

　32세 늦깎이로 공직에 나간 이순신이었지만 그는 조선의 전반적인 군사체계와 그 장단점을 정확하게 파악하고 있었다. 그러한 지혜로부터 이순신은 오직 나라를 구할 수 있는 길은 해전이 전부였음을 잘 알고 있었다.

임진왜란에서 이순신은 9차례 출전에 23전을 했다. 그
러므로 한번 출전에 평균 2.5건의 해전을 치르게 되었
다. 해전을 23전을 치르면서 이순신은 승전의 기초가 되는 독특한 전
법을 사용하는데 바로 '속도전'이었다. 당시 이순신이 본영으로 있었
던 여수를 떠나 해전을 벌였던 지역으로 가는 길은 뱃길로 반나절에
서 한나절 정도의 거리였다.

이순신이 왜군과 전투를 할 때에는 이 거리를 떠나 빠르게 전투를
벌이고 다시 여수본영으로 돌아오는 전투방법을 택했다. 전투의 전진
기지를 한산도로 옮겼을 때에도 같은 방법으로 왜군과 전투를 실시하
였는데 이는 왜군의 전력이 조선수군보다 월등히 많고 강했기 때문에
취했던 이순신의 전투방법이었다.

전라도와 경상도의 지리조건과 조수의 흐름 등 자연조건을 완벽하

게 파악하고 있는 조선 수군에게 있어서 속도전은 전투에서 우위를 점유할 수 있는 가장 빠른 방법이었다. 왜군은 지형을 잘 알고 있는 조선 수군이 어디에서 어떻게 나타날지 모르고 있었으며 이순신은 이러한 점을 십분 발휘하여 전투를 치르고 있었다. 왜군이 만에 정박해 있으면 만을 가로막고 화포를 이용하여 적을 섬멸하였고 척후병을 먼저 보내 적의 동태를 파악한 후에 빠르게 공격하고 본영으로 빠지는 방법을 취했다.

사실 일본전선은 일본내부의 분열을 통합한 이후 급조된 전함이었다. 그렇기 때문에 지휘계통상에 여러 가지 문제를 그대로 나타내고 있었는데 부산포에 도착한 일본함대가 20~30개 규모로 나누어서 해안에서 독자적으로 활동을 많이 했던 것을 보더라도 그 지휘체계의 허술함을 알 수 있다. 그러나 대규모로 움직이는 일본군함은 그 숫자 면에서 대단한 규모였다.

이순신은 이러한 일본전함의 내부의 문제까지도 잘 알고 있었기에 대규모 전투보다는 신속하게 전투를 하고 빠지는 속도전을 주로 사용했던 것이다. 천자, 지자, 현자, 황자 총통 등 대형 총통으로 무기를 발전시켜 장거리에서도 적을 섬멸시킬 수 있는 전투방법을 준비하여 속도전을 가능하게 했다.

왜선은 속도만 따진다면 조선수군의 판옥선보다 월등하게 앞서기 때문에 추격전에서는 조선수군의 판옥선이 불리하다. 이러한 불리한 점을 극복한 것이 장거리에서도 적에게 치명타를 줄 수 있는 장거리 대형총통을 이용한 공격이었다. 치명타를 입혀 초기에 적의 기선을 제압하는 대형총통은 이순신이 전라좌수사로 있으면서 개량한 것이었다.

현대 조직에서도 자본력을 앞세워 시장을 점유하는 거대기업을 상대로 경쟁하는 중소기업의 장점은 빠른 시장대응력을 포함한 속도전이다. 신속한 제조시설의 변경과 시장대응형 경영으로 고객의 요구사항을 빠르게 반영할 수 있는 것이다.

탁월한 리더십이란 개인과 조직이 가지고 있는 역량을 최대한 활용하여 경쟁 우위를 확보하는 것이다. 왜군과 조선 수군 전체가 광활한 바다에서 전면전을 했다면 수적인 열세로 인한 패배를 맛보았을 것이다. 일본수군은 15만 8천 명이 1차로 침략을 했으며 일본에는 11만여 명이 다음 전쟁을 대기하고 있었다. 이러한 거대 함대를 이길 수 있는 방법은 적을 나누어서 지형지물과 자연환경을 이용한 게릴라식 전투뿐이었다. 빠르게 공격하고 다시 물러나 어디에서 어떻게 공격할지를 모르게 하는 이 속도전이 적을 완벽하게 궤멸시킨 것이다.

6 | 인재등용은 **능력**에 따르라

명량해전 이후 조선수군과 왜군은 전쟁 휴식기에 들어
간다. 이는 9월에 치른 명량해전 이후 월동준비를 위한
기간이었고 왜군도 연전연패에 의한 군력 증강과 월동을 준비하는 시
기였다. 이순신은 이러한 월동을 준비하는 시기에도 군량의 확보와
수군의 모집에 전력을 기울이게 되는데 이러한 일에 능력 있는 인재
를 선발하여 위임토록 하는 지혜를 발휘한다.

사실 명량해전 이후 조선군인의 사기가 회복되고 피난을 갔던 많은
군사들이 다시 이순신에게로 복귀하게 되어 명량해전에 당시 1,500
명의 군사가 해전 이후에 3,000명 정도까지 증강되었다. 이러한 자발
적 증가뿐 아니라 인재도 모여들게 되었다. 특히 이순신은 이의온 이
라는 능력 있는 인재를 활용하는데 그는 이언적의 손자였다. 당시 나
이가 20세에 불과했지만 학문과 지략이 뛰어났고 멸사봉공의 정신이

투철한 인물이었다.

이의온은 이순신 밑에서 군량 관리를 맡게 되었을 때 자신의 재산을 군량에 보태는 등 솔선수범을 통한 리더십을 발휘한 인재였다. 그는 해로통행첩(海路通行帖)을 발행하여 군량을 모집하고 해상의 안전을 보장하는 중요한 업무를 담당하였다.

고하도라는 곳에 돌로 남·서 길이 1km, 높이 2m, 폭 1m의 성을 쌓아 적의 배를 구별하고, 군자금을 모으기 위해 오가는 배들에게 1~3석의 식량을 내어 놓고 통행첩을 받아가도록 하여 열흘 만에 일만 석의 군량미를 비축하였다. 이렇게 하여 이의온의 해로통행첩은 군량미 10만 석을 모으는 데 일조를 하게 되었다. 이렇듯 이순신은 주변에 있는 인재를 알아보고 주요 요직에서 많은 활동을 할 수 있도록 했는데 이를 통해 업무를 구분하고 아랫사람에게 권한을 위임함으로써 향후 리더십의 후계자를 세우는 일에 게으르지 아니했다.

이순신의 사람을 알아보는 지혜는 거북선을 건조할 때도 나대용이라는 당대 최고의 설계자를 선발해 활용하였다. 그는 전선(戰船) 감조(監造) 군관으로 들어가 거북선 및 각종 무기 제작 책임자로 종사하였고, 임진왜란 발발 해인 1592년(선조 25년) 4월 12일 거북선을 진수하여 발포실험을 성공함으로써 당시 세계에서 가장 우수한 전투함을 건조하게 되었다. 뿐만 아니라 이순신을 도와 직접 만든 거북선을 이용하여 옥포해전(1592년 5월 7일), 한산대첩(1592년 7월 8일)에 참전하여 혁혁한 공을 세웠다.

나대용은 임진왜란 이후에도 남해 현령으로 재직 시에는 '창선'이라는 철갑선과 '해추선'이라는 쾌속선을 고안하는 등 우리 역사상 가장 탁월한 조선기술자였다. 이렇듯 이순신은 사람을 보는 지혜가 있었고 이를 충분히 발휘하도록 길을 열어주는 자리를 마련해 주었다.

　조직이 지속적으로 유지되기 위해서는 무엇보다도 인재를 등용하여 그들의 역량을 최대한 활용하여 조직의 유·무형의 성과를 창출해야 한다. 그러므로 조직의 장은 무엇보다도 인재를 알아보는 눈을 길러야 한다.

　중소기업의 고충을 처리하고 업무를 지원하는 중소기업지원센터에서는 원천기술을 보유한 유망한 중소기업들이 국내에 매우 많은데 이러한 기업들이 십수 년씩 안정적으로 기업을 경영하지 못하는 현상이 많이 발생하는데 그 이유가 회사에 장기간 일을 할 수 있는 인재를 확보하지 못하기 때문이라고 한다. 기업을 오랫동안 경영하기 위해서는 인재가 필요하지만 중소기업에서 오랫동안 근무할 수 있는 인재를 구하는 것이 녹록치 않기 때문이다.

　워렌 베니스라는 리더십의 대가는 '위대한 그룹을 만들기 위해 리더가 할 수 있는 최선의 일은 각각의 구성원들이 스스로의 위대함에 눈 뜨게 하는 것이다.' 라고 하여 인재를 찾아 최대한의 능력을 발휘할 수 있도록 만들어 주는 것이 중요하다고 주장했다.

　조직에서는 직급이 낮을수록 구체적인 업무에 집중하지만 직급이 올라갈수록, 역할이 커질수록 해야 할 중요한 일은 인재를 볼 줄 알고 키울 줄 아는 역량을 키우는 것이다. 큰일을 할수록 역할이 커질수록 직급이 올라갈수록 사람을 보는 지혜의 눈이 필요하다. 이순신은 사람을 볼 줄 알았고 그들의 강점을 알고 있었기에 적재적소에 활용하는 지혜가 있었다.

거북선은 지혜의 선물이다 7

성공한 사람들의 특징 중에 하나가 호기심이 많다는 것이다. 호기심은 새롭거나 신기한 것에 끌리는 마음을 말한다. 호기심은 사물을 있는 대로 보는 게 아니라 관심을 가지고 보는 것이기에 지혜가 필요한 것이다. 따라서 호기심이 많은 사람은 지혜를 가지고 있는 것이다. 성공한 사람들은 호기심이 많아서 평범한 삶을 거부한다. 평범이란 이름으로 남이 간 길을 무작정 따라간다면 성공의 기회가 생겨나지 않기 때문이다.

호기심이 많은 사람들은 항상 "어떻게 하면 빨리 할 수 있을까?", "우리의 생활을 어떻게 하면 편하게 할 수 있을까?", "새처럼 하늘을 날아볼 수는 없을까?", "저걸 어떻게 하면 알 수 있을까?", "저건 왜 있지?" 등의 호기심으로 가득하다. 이러한 호기심들을 누구나 한번쯤은 가져보았을 것이다. 그러나 평범한 사람들은 생각으로 끝나지만 성공한 사람들은 그 생각을 실천에 옮겨서 위대한 것이다.

인류역사의 모든 발전은 호기심에서 시작되었다고 해도 과언이 아니다. 발명왕 에디슨은 사물에 대한 호기심으로 출발하여 아주 기발한 아이디어로 인류의 역사를 발전시켰다. 만약 그가 없었다면 우리는 현재 음악을 들을 수도 없고, 밤에 공부를 할 수도 없고, 일을 할 수도 없었을 것이다.

에디슨은 어렸을 적에 공부도 못하는 말썽 꾸러기였다. 그래서 학교에서 쫓겨나기도 하였다. 그는 호기심이 너무 많아서 공부는 뒷전으로 미루고 닭의 알을 품는 등의 괴기한 행동으로 정상적인 사회생활을 할 수가 없었다. 누가 봐도 에디슨은 문제아였다. 그러나 그 '문제아'가 지금의 인류 역사를 창조해 냈다.

이순신도 호기심이 많았다. 이순신은 남들은 쉽게 넘길만한 일도 쉽게 넘기지 않았고, 왜 그런가에 대한 원인을 찾았고, 그것을 해결하는 방법을 찾아내었다. 이순신은 여수에서 임진왜란이 일어나기 전에 일본이 침략을 할 것이라는 것을 이미 예측하고 일본군들의 전투 방식에 호기심을 가졌다. 일본군의 전투 방법에 대한 자료를 찾고 연구한 결과 일본군은 육지에서도 가까이 다가가 백병전을 하여 근접전에 강하다는 사실을 알게 되었다. 뿐만 아니라 해상에서도 배를 가까이 대고 갈고리로 배를 걸어 놓고 배에 옮겨 타 백병전을 한다는 것을 알게 되었다.

결국 상대적으로 백병전에 강한 일본과의 해전에서 이기려면 왜군이 조선의 배에 올라오지 못하게 한 상태에서 전쟁을 수행해야 했다. 이순신은 이러한 필요에 의하여 고민하고 있던 차에 조선 태종 때 한 번 만들어졌었던 거북선을 발견하였다. 이순신은 군관 나대용에게 도

편수(목수의 우두머리) 역할을 맡겨 거북선을 건조하게 하였다. 나대용과 병사들이 배 만드는 일에 매달린지 1년 만에 마침내 '거북선'이 탄생한다. 거북선은 거북 귀자를 써서 귀선 또는 구선이라고 하였다. 당시 전라좌수영에선 3척의 거북선을 만들었는데, 좌수영 선소에서 직접 만든 영귀선(營龜船), 지금의 여수 돌산읍 군내리인 방답진 선소에서 만든 방답귀선(防沓龜船), 그리고 순천부에 속했던 여수 시전동 선소에서 만든 순천귀선(順川龜船)이 그것이다.

거북선은 최대로 150명까지 승선할 수 있었으며, 내부는 2층으로 되어있고 아래에선 노를 젓고 짐을 실었으며, 위에서는 총포를 쏠 수 있게 하였다. 거북선 위 지붕에는 기어오르는 적을 막기 위해 여러 개의 못을 박아 놓았고, 좌우에는 16개의 노와 2개의 돛이 있어 기동력(약 11놋트)을 발휘할 수 있었다. 그리고 거북선은 앞 뒤 2개의 출입문과 지붕에 4개의 비상문이 있고 앞의 용머리에서는 연막을 터뜨려 적을 혼란시켰다. 주요 특징은 16세기에 철갑과 철창으로 뚜껑을 덮고 있고 옆으로 젓는 바이킹노가 아닌 배 밑으로 젓는 노를 사용하였기 때문에 충돌 시에도 안전하였던 것이다. 거북선은 상대방의 지휘선을 공격하고 전함대의 전열을 흩뜨리며 좌충우돌하는 기동돌격대의 돌격선으로 왜군들의 사기를 꺾어 놓는 역할을 하였다. 전열이 흐트러지고 사기가 꺾인 일본 수군에게 이순신은 학익진이라는 탁월한 전술을 펼쳐 화포공격의 집중성과 효율성을 최대한 극대화 하였다.

그러나 아쉽게도 거북선은 원균의 칠천량해전 때 모든 거북선이 침몰하게 되었고 후세에 남겨지지 못하였다. 그래서 명량해전이나 노량해전은 거북선이 없는 조선의 판옥선대 일본의 안택선과의 싸움이었다. 그러나 이순신은 거북선이 없어도 왜군을 대파하였다.

이순신의 호기심으로 인하여 거북선이 출현하게 되었지만, 거북선이 진정 강할 수 있었던 것은, 거북선이 무적의 함선이어서가 아니라, 그것을 운영하는 조선수군의 노련함과 이순신의 뛰어난 역량이 있었기 때문이었던 것이다.

일본의 소니(Sony)는 세계적인 게임기 회사로 회사에서 필요한 핵심인재의 조건으로 호기심, 마무리에 대한 집착, 사고의 유연성, 낙관론을 가진 사람을 꼽았다. 호기심이 없는 사람은 죽은 사람과 마찬가지며, 사고의 유연성이 없는 사람은 혼자 사는 사람이며, 낙관이 없다면 그에게는 실패만이 기다리는 사람이기 때문이란다.

성공하는 삶을 위해서 우리는 항상 '호기심'의 안테나를 세워놓아야 한다. 호기심은 세상에 대한 관심, 내 일에 대한 적극성의 다른 표현이기도 하다. 어떤 일에든 소극적인 태도와 정반대되는 자세이다. 이런 호기심을 잃지 않는 사람에게는 아무리 어려운 상황 속에서도 성공이 열리기 마련이다.

지혜로 **일본의**
간계를 이기다 | **8**

이순신은 일본을 정확히 꿰뚫어 보는 지혜를 가지고 있었다. 전쟁이 일어날 것도 지혜로 미래를 본 것이며, 일본이 백병전에 강하므로 이를 막기 위해서 거북선을 만들고, 숱한 해전에서 일본의 유인작전에서도 속지를 않았다. 그래서 왜군들은 일본의 전술을 정확히 알고 있는 이순신이 두려운 것이었다. 그래서 일본은 이순신을 제거하기 위해 갖은 노력을 다 했지만 허사였다. 그러나 정유재란 중 고니시 유키나가의 간계는 이순신에게 최악의 상황을 만들어 내기도 했지만 이순신은 간계에 속지 않았다.

왜란 발발 5년째 접어든 1596년 9월 명과 일본 간의 강화교섭은 마지막 순간 파탄을 맞았고 도요토미 히데요시는 조선과 명나라의 사절을 일본에서 추방했다. 그는 역사상 정유재란이라 불리는 재침공을 계획하여 고니시 유키나가를 선봉으로 삼아 그에게 14만 7500명의 군사를 내주었다. 전에 조선 수군에게 참패한 기억이 생생한 그는 모든 전선을 조선의 전선보다 훨씬 크고 튼튼하게 만들어 우선 수군부터 공략하기로 했다.

이와 함께 고니시 유키나가는 조선침략이 성공하려면 꼭 해결해야 할 일이 있다는 것을 알고 있었다. 그것은 다름 아니라 조선정벌을 위해서는 바다를 먼저 장악해야 하며 바다를 장악하기 위해서는 이순신을 제거해야 한다는 것이었다.

1596년 11월 고니시는 자신의 부하 요시라를 통해서 도원수 권율에게 "가토 기요마사"가 곧 함대를 이끌고 쳐들어 올 것이니 그를 바다에서 잡으면 전쟁이 끝날 것' 이라는 거짓 정보를 넘겼다. 당시 가토 기요마사와 고니시 유키나가 사이의 불화는 비단 일본뿐 아니라 조선에도 널리 알려진 바였으며 조정은 고니시를 온건파, 가토를 강경파로 여기고 있었다.

고니시는 자신과 가토 사이의 불화를 이순신 제거 계획에 이용한 것이다. 권율은 이를 조정에 보고했고 조정은 고니시의 이 정보가 사실이라고 확신하고 그 계책에 따를 것을 이순신에게 명한 것이었다. 적의 말을 믿고 적을 치는 참으로 황당한 계책이었다.

이러한 간계에 대해 아무것도 모르는 이순신은 즉각 일본군의 움직임을 예의 주시 하면서 새로운 전술을 구상하기에 여념이 없었다. 그런데 1월 21일 돌연 도원수 권율이 한산도로 직접 찾아와 왕명을 전달했다. 곧 '적장 가토 기요마사가 함대를 이끌고 바다로 쳐들어 올 것이니 그를 잡으라' 는 것이었다.

이순신은 이 명령에 대해 첫째, 정보의 제공자가 적장이므로 신뢰할 수 없고, 둘째, 그 정보가 사실이라 하더라도 적장 하나를 잡기 위해 조선 수군을 움직일 수는 없으며, 모든 국력을 기울여야 하는 총력전에서 적장 하나를 잡는 것이 큰 의미가 없다고 주장하며 거부했다.

권율이 돌아간 지 하루 만에 고니시 쪽에서 "이미 가토 기요마사가 장문포에 와 닿았다."라고 알려왔다. 하지만 사실 가토는 권율이 이순신의 재전을 독전하고자 한산도에 내려온 것보다 이미 6일 전에 조선에 상륙해 있었다.

곧 조정에서 이순신이 왜장을 놓아주어 나라를 저버렸다는 여론이 일어났고 선조는 '왕을 업신여긴 죄', 그리고 '적을 놓아 준 죄'를 물어 1월 27일, 이순신을 전격 해임하고 한성으로 압송했다. 물론 이 사건에는 그간 이순신을 곱지 않게 보고 있던 선조와 이순신을 질투한 원균의 모함도 작용했다. 고니시의 계략이 적중한 것이다.

삼도수군통제사에서 이순신과의 불화 때문에 충청 병사로 전직되어 있던 원균이 임명되었고, 이순신은 그에게 군량미 9914석, 화약 40000근, 총통 300자루 등 진중의 비품을 인계 한 뒤 남거에 실려 한성으로 압송됐다. 의금부에 하옥된 그는 가혹한 문초를 받았으며 조정에서는 사형에 처해야 한다는 의견이 분분했지만 판중추부사 정탁과 도체찰사 이원익 등이 목숨을 걸고 이순신을 구명하여 가까스로 죽음만은 면하였다.

결국 고니시 유키나가의 간계에 빠진 원균은 처절한 패전과 함께 사망했지만 간계에 빠지지 않은 이순신은 비록 왕명을 거역했다는 누명을 쓰지만 목숨을 살리게 되었으며, 훗날 명량해전을 성공적으로 치를 수 있는 기회를 맞이하게 되었다. 이것이 바로 이순신이 운명을 극복하는 지혜를 가지고 있었기 때문인 것이었다.

9 | 기존의 것은 다 바꾸어라

문무의 겸비와 병법의 통달 등 핵심역량의 구축과 부하 장수들의 공로까지 포상하고 군법을 엄히 적용한 평등의 실천이 이순신이 지닌 리더십의 요체이다. 이순신은 인력과 전선, 무기, 식량의 부족, 그리고 모함과 핍박 속에서도 스스로 무기와 식량을 조달하고 거북선을 개발하는가 하면 새로운 진법과 탁월한 전략을 구사해 23전승을 이끌어 낸 위대한 리더이다.

'고기를 잡으려 하는 자가 옷이 젖는 것을 두려워해서는 안 된다.' 라는 말이 있다. 일에 대한 준비와 각오의 중요성을 강조한 말로 물에 젖는 것을 두려워하는 사람에게 고기를 잡을 기회는 오지 않는 법이며, 고기를 잡기 위해 물에 젖을 것을 각오한 사람이라면, 그에 대한 준비를 철저히 해야 한다는 뜻이다. 세상은 준비된 자에게는 기회를 주지만, 준비되지 않은 자에게 변화는 곧 혼란이 된다.

　21세기를 살아가기 위해서는 똑같은 모방만으로는 불가능하다. 남들을 모방만 해서는 2등 밖에는 할 수 없다. 그러나 문제는 2등은 아무도 기억하지 않는다는 것이다. 과거에 2등은 3등보다 가치가 있었으나 현대는 2, 3등은 기억해주지 않기 때문이다. 따라서 최고가 되지 못한다면 최초가 되어야 한다.

　이순신은 개인의 궁극적인 목표를 달성하는 일도 창조를 통해서만 가능하고, 기업과 국가가 비전이나 전략 목표를 이루는 것도 창조력 없이는 불가능하다는 사실을 일찍 깨달았다. 오늘날 같이 무한 경쟁 시대에 사는 우리에게 이순신은 새로운 시장을 창출하기 위해서는 창조적 사고가 밑받침이 되어야만 가능하다는 교훈을 준다.

　이순신은 화약의 폭발력으로 피사체(被射體)를 발사하는 유통식(有筒式) 화기인 총통을 개량하여 해전에서 긴요하게 활용했다. 원래 총통은 고려 말 최무선이 개발한 이래 조선시대까지 왜군을 격퇴시키는 데 주력무기로 사용되었다. 이순신은 최무선이 개발한 총통을 모방에만 그친 것이 아니라 어떻게 하면 더욱 효과적으로 사용할 수 있을까를 고민하여 신무기를 개발하였다. 실제로 임진왜란 당시 해전에 사용했던 화기는 20여 종에 달하며, 수군의 주력선인 판옥선이나 거북선에 주로 장착되었던 대표적인 총통으로는 천자총통(天字銃筒), 지자총통(地字銃筒), 현자총통(玄字銃筒), 황자총통(黃字銃筒)을 들 수 있다.

　이러한 총통에 대장군전(大將軍箭)·장군전(將軍箭) 등과 같은 대형 화살 형태의 대전(大箭)이나 둥그런 모양의 크고 작은 탄환인 철환(鐵丸)과 조란환(鳥卵丸) 등의 피사체를 장착하여 발사했다. 대장군전은 종래의 화살을 발전시킨 것으로, 무게 50근(30kg), 길이 6자(180cm)

의 무쇠화살로 천자총통으로 발사한다. 대장군전은 적의 배를 관통시키거나 부수어 침몰시키는 중요한 무기로서 임진왜란 당시 해상에서 막강한 위력을 발휘했다.

특히 지자총통은 구경이 약 10cm로 대형화살인 장군전 한발을 쏠 수 있고, 때로는 대연자 1발과 중연자 60발을 섞어서 쏠 수도 있으며, 조란환(鳥卵丸)이라는 작은 산탄을 200발까지 쏠 수 있다. 요즘의 크레모아와 비슷한 인마살상 위력을 가지고 있었다. 실험에 의한 사거리는 장군전이나 원형탄두 모두 500m가 넘는다.

현자총통은 대형화살인 차대전 1발을 장착해서 쏘면 약 500m 이상 날아가며 구형발사체의 경우 소연자 30발 혹은 산탄 철환 100발을 쏘아 1200m까지 날릴 수 있는 대포다.

황자총통은 대형화살인 피령전 1발을 450m 이상 날릴 수 있고, 소연자 20발이나 그보다 작은 철환 40발을 쏘아 1500m까지 날릴 수 있었다.

화포명	길 이	구 경	발 사 물	사거리
전자총통	130~136	118~130	대장군전 1발. 조란탄 100발	900보, 10여리
지자총통	89~89.5	105	장군전 1발. 조란탄 100발	800보
현자총통	79~83.8	60~75	차대전 1발. 조탄탄 100발	800보,1500보
황자총통	50.4	40	피령치중전 1발. 조란탄 40발	1100보
별황자총통	88.8~89.2	58~59	피령목전 1발. 조란탄 40발	1000보

이순신의 해전이 승리하게 된 원인에는 부단한 신무기의 개발도 있었지만 일본 배보다 안정적인 구조를 가지고 있었기 때문이다. 일본

의 주력선인 안택선은 건조 기술상 배가 진동에 약하므로 화포를 장착할 수가 없어서 단 1문의 소형포를 줄로 매달아 발사한 반면에 조선의 판옥선은 튼튼하므로 양쪽으로 화포를 장착하고 발사하여도 이상이 없었다. 결국 왜군은 화포를 이용하는 조선 수군에 비하여 유효사격 거리가 50m밖에 안 되는 주력 무기인 조총으로 응사하였기 때문에 왜군은 초전박살로 끝날 수 밖에 없었다.

이순신은 언제나 자신이 알고 있는 지식을 바탕으로 미래를 예측하였다. 당시 조선의 조정은 당파싸움으로 미래를 내다보기는커녕 현실도 직시하지 못하였다. 이순신은 여러 상황을 바탕으로 왜군의 침입을 예측하고 왜군을 이길 수 있는 효과적인 신무기들을 개발하였다. 이순신은 기존의 것을 유지하는 것이 아니라 새롭게 변화하는 것이 이기는 방법임을 간파하고 모든 것을 더 나은 것으로 바꾸었기에 승리로 이끌 수 있었던 것이다.
이순신은 현대를 사는 우리에게 생존하기 위해서는 현실에 안주하기 보다는 모든 것을 바꾸어야 한다는 교훈을 주고 있다.

10 이순신의 지혜는
여수에서 출발했다

이순신은 전라도와 인연이 깊으며 특히 여수는 그가 인생의 전환기를 보낸 곳이다. 몇 번의 좌천과 말단 관직에 종사하던 이순신은 1589년 정읍현감으로 임명되었다. 이후 종삼품의 고사리진이 병마첨절제사로 임명은 되었으나 사간원의 반대로 부임하지 못했다. 그 후 정삼품의 만포진 수군첨절제사로 임명되나 또 사간원은 이에 반대하여 부임하지 못했다. 1591년 2월에 진도 군수로 발령이 났다. 이후 다시 가리포 수군첨절제사로 임명되었으나 사간원이 반대하고 또 부임하지 못했다. 당시의 당파싸움에 의한 인사파행을 엿볼 수 있는 모습이다.

그리고 마침내 1591년 2월 13일 이순신이 나이 마흔일곱에 전라좌수사로 임명되어 여수 전라좌수영에 부임하게 되었다. 드디어 이순신은 임진왜란을 통해 구국의 역사적 일을 할 수 있는 자리인 전라좌수사로 부임하게 된 것이다. 유득공(柳得恭)이 1795년에 정조 명에 의해 편찬한 이순신 문집 '이충무공전서(李忠武公全書)'에 들어있는 글에 나와 있는 "약무호남시무국가(若無湖南 是無國家 : 만약 호남이 없었으면 곧바로 나라는 없어졌을 것이라는)"처럼 이순신은 호남을 중심으로 구국의 길을 열었다.

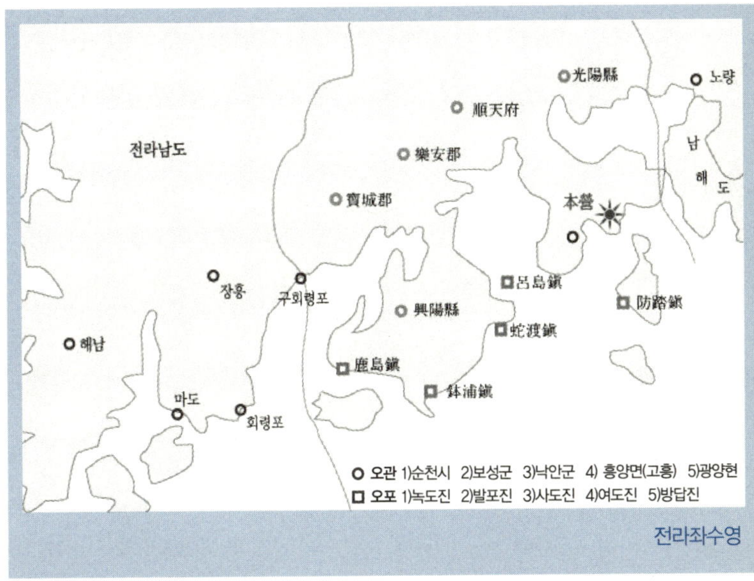

전라좌수영

　여수는 이순신에게 있어 하나의 기회의 땅이었다. 전라좌수영은 조선 성종 10년(1479)에 최초 설치되어 고종 32년(1895)에 혁파(革罷)될 때까지 400여 년간 조선수군의 주진(主鎭)으로서 남해안 방어를 위한 전략적인 요충 수군영(水軍營)으로서 전라도 지역의 정치와 행정의 중추가 되었다.

　전라좌수영 설치 당시의 전라좌수사가 지키는 바다 구역은 해남반도 동편에서부터 그 동쪽의 전남 해안이었다. 전라좌수사가 거느리는

진포(鎭浦)는 달량(達梁)·마도(馬島)·회녕포(會寧浦)·녹도(鹿島)·
발포(鉢浦)·사도(蛇渡)·여도(呂島)·돌산(突山) 등 8진포이었다.

임진왜란 당시에 와서는 바다를 지키는 관할 해역(海域)이 해남반도 동편에서, 보성군의 동쪽 전남해안지방으로 축소되어 현 해남군의 일부와 강진군 및 장흥군의 해역(海域)이 전라좌수영의 관할에서 이탈되었다. 따라서 전라좌수영 아래 그 속읍(屬邑)으로 수군이 편성되어 있는 순천부(順天府)·낙안군(樂安郡)·보성군(寶城郡)·광양현(光陽縣)·흥양현(興陽縣) 등 다섯고을(5官)과 본시부터 해안 방위의 소임을 맡고 있는 속진(屬鎭)인 방답진(防踏鎭)·사도진(蛇渡鎭)·여도진(呂島鎭)·발포진(鉢浦鎭)·녹도진(鹿島鎭) 등 다섯 진포(鎭浦)(5浦)가 있었다

이순신의 생애 가운데 장수로서의 덕과 재능을 유감없이 발휘하여 구국의 뜻을 펼친 때가 전라좌수영과 인연을 맺은 8년간이라 할 수 있을 것이다. 뿐만 아니라 이순신의 적탄에 맞아 최후를 맞이한 노량해전도 여수반도 건너편 남해도 관음포 앞바다였다.

이렇게 이순신이 삶의 가장 중요한 부분을 보낸 여수는 전라좌수영의 본거지라는 의미뿐 아니라 이순신의 부임과 노량해전에서의 마지막 생명을 다한 곳으로서 이순신의 처음과 마지막을 함께한 곳이다. 그러므로 여수와 이순신 관계는 실과 바늘과 같이 늘 연상이 되는 곳이다.

하지만 앞에서도 설명한 것처럼 이순신은 1589년 말부터 전라좌수가 된 1591년 2월까지 이순신은 6번의 관직을 임명 받았지만 제대로 부임한 적이 없다. 조정의 당파싸움에 의한 인사 파행이라고 하지만 이해하기 어려운 국정의 운영이었다. 우리와 입장을 바꿔 놓고 생각을 해보면 그 같은 인사파행에 이순신처럼 의연하게 생각하고 대처할

수 있는지 의문이 든다.

이순신이 전라좌수사로 부임을 하면서 인생의 전환점이 된 곳이 바로 여수다. 어쩌면 그 동안 수많은 시간은 여수에서 모든 것을 쏟아

부어 이순신의 진면목을 보여주기 위한 준비시간이었다.

늦은 나이에 관직에 나와서 변방을 돌아다니며 다양한 경험을 한 이순신은 여수에서 혼신을 다해 임진왜란을 준비하고 모든 경험과 지혜와 기술을 여수라는 용광로에 녹이는 것이다.

오늘날 임진왜란과 정유재란이라는 역사적 사건을 통해 본다면 이순신은 임진왜란과 정유재란을 준비하고 승리하기 위해 태어난 분이었고 그것을 위해 그렇게 많은 고생을 했으며 그렇게 준비하고 그렇게 참았는지 모른다. 이순신이 없었다면 그의 지혜와 준비가 없었다면 조선은 나침반을 잃은 망망대해의 배와 같았을 것이다.

Green

이순신의 희망

이순신이 주는 희망의 메시지는 무엇일까? 이순신의 희망의 메시지는 언제나 우리에게 에너지를 주고 있다. 우리가 이순신을 생각하면 왜 그러한 에너지를 얻게 되는 것일까? 그것은 이순신의 삶 속에는 인간의 하고자 하는 열망 위에 희망이라는 삶의 공간을 마련하고 있기 때문이고 어려운 상황을 희망으로 바꾸는 특유의 비법을 가지고 있기 때문이다. 그가 준 희망은 사람에 대한 지극한 사랑이요, "해보자, 할 수 있다"라는 긍정적인 메시지였다.

희망의 리더들은 어려운 환경 속에서도 인간 하나 하나에 관심을 기울여 개인의 역량을 조직 전체의 성과로 승화해 내는 능력이 있다. 그래서 희망의 리더들은 변화와 혁신을 두려워하지 않는다. 구태의연한 기존의 관습에 순응하지 않고 항상 새로운 체계와 패러다임을 만들려고 한다. 그리고 오히려 자신이 만든 새로운 체계와 패러다임을 세상 속에 심으려 한다. 그리고 희망의 메시지로 비전을 제시한다.

이순신 역시 이러한 희망의 리더였고 자신이 만든 새로운 체계와 패러다임을 통해 타인들에게 영향을 미쳤고 그들의 인생이 변화할 수 있도록 하였다.

Greek

그리스 로마 신화를 보면 판도라의 상자라는 것이 있
다. 신들의 왕인 제우스는 헤파이스토스에게 명하여 아
름다운 여인을 만들게 하였다. 헤파이스토스가 여신의 모습을 본 따
서 아름다운 여인의 몸을 만들어 내니 여러 신들이 각기 그 여인에게
선물들을 주었다.

미의 여신인 아프로디테는 그녀에게 우아함과 아름다움을 선사하
였고, 아테나는 바느질과 길쌈하는 법을 가르쳤다. 헤르메스는 그녀
의 말에 설득력을 부여하고, 마음에 간교함을 넣어주었다.

다시 아테네가 아름다운 옷을 입혀주고 카리테스와 페이토가 그녀
의 목에 금목걸이를 걸어주었으며, 호라이들이 그녀의 머리 위에 꽃
으로 왕관을 만들어 씌어주었다. 이렇게 해서 만들어진 여인에게 제
우스는 판도라(Pandora, 모두의 선물을 받은 자)라는 이름을 지어 주

었다. 그런 다음 제우스는 판도라에게 예쁘게 생긴 조그만 상자 하나를 건네주면서 절대로 열어 봐서는 안 된다고 했다.

거듭 다짐을 받은 뒤 제우스는 판도라를 프로메테우스의 동생 에피메테우스에게 데려다 주었다. 에피메테우스는 판도라의 아름다운 자태에 넋이 빠져 앞뒤도 재지 않고 덥석 그 아름다운 선물을 받았다. 그리하여 판도라는 에피메테우스의 아내가 되어 지상에서 살게 되었다.

아무런 걱정 없이 행복한 나날을 보내던 어느 날 판도라는 제우스가 절대로 열지 말라던 조그만 상자가 생각났다. 그녀는 안에 들어 있는 것이 무엇인지 고민을 하면 할수록 더욱 더 궁금했다.

참다 참다 호기심을 견디지 못하여 그 상자를 살짝 열어보았다. 뚜껑을 여는 순간, 그때까지는 세상에 없었던 온갖 나쁜 질병, 고통, 아픔, 슬픔, 절망 등이 쏟아져 나와 사방팔방으로 흩어졌다. 깜짝 놀란 판도라는 재빨리 상자 뚜껑을 닫았지만 이미 상자 속에 들어있던 나쁜 것들은 다 날아가고 단 하나 '희망'만이 남게 되었다. 그래서 판도라가 상자를 연 이후 사람들은 질병, 고통, 아픔, 슬픔, 절망 등을 느끼게 되었다. 그러나 아무리 힘든 질병, 고통, 아픔, 슬픔, 절망이 있어도 사람들이 살아가는 이유는 바로 희망이 있었기 때문이다.

임진왜란이 일어나기 전 조정은 당파싸움에 정신 팔려 있었고, 지방의 관료들은 부정부패를 일삼았다. 장교와 병사들은 무사안일로 현실에 안주하였다. 백성들은 이러한 국가와 조정만 믿고 평온한 삶을 살고 있었다.

제대로 전투 준비도 되어 있지 않았던 조선군에 비하여 왜군은 오랜 내전으로 실전 경험을 가진 상태에서 조총이라는 신무기로 무장한 정예군들이었다. 왜군은 침략과 동시에 승리를 시작하면서 사기는 하늘을 찌를 정도로 높았다. 왜군은 조선군을 파죽지세로 밀어 붙이면서 약탈과 살인을 일삼았다.

왜군의 침략은 일순간에 생활을 바꾸어 놓았다. 조정 대신들은 자신의 목숨을 구하기 위하여 수도를 버리고 평양으로 도망을 갔고, 관료들과 장병들은 제대로 싸우지도 못해보고 패배를 하였다. 백성들은 왜군의 약탈과 학살로 두려움에 정든 터전을 버리고 기약없는 피란을 하였다.

이순신은 왜군의 만행과 조선의 절망을 보면서 마음이 아팠다. 이순신은 조선에게 희망이 필요하다는 사실을 알게 되었다. 그는 조선의 희망을 보여주기 위하여 자신의 지역인 전라도를 떠나 경상도의 옥포로 함대를 몰고가 옥포해전을 승리로 이끌었다. 이순신의 승리는 임진왜란이 일어난 지 20일 만에 이루어진 최초의 승리였다. 이순신의 승리는 도망가던 장병들과 백성들에게 희망이 되어 장병들에게는 전열을 가다듬고 전투에 임하게 하였으며, 백성들은 의병을 일으켰다. 왜군을 이길 수 있다는 가능성을 이순신이 보여주었기 때문이다. 이순신이 가진 조선에 희망을 보여주겠다는 꿈은 이순신 개인에게는 꿈이었지만 조선에게는 희망이었던 것이다.

이순신 같은 리더가 오늘날에도 있다. 바로 여수에 있다. 여수의 오현섭 시장이 바로 그다. 오현섭은 여수 사람으로 여수에 대한 남다른 애정을 가지고 있었다. 그는 여수가 항구도시로서 전라도의 희망의 도시에서 공단의 도시로 활기찬 도시가 되는 것을 지켜보았다. 그러나 시간이 지나면서 여수는 정체된 도시로 시민들이 여수를 떠나는 것을 보고 시민들에게 희망이 필요하다는 사실을 알게 되었다.

오현섭은 시장으로 당선되면서 여수 사람들에게 희망을 주고 싶었다. 그는 여수가 엑스포를 유치하는 것이 바로 희망을 준다는 사실을 알고 엑스포를 성공적으로 유치하기 위하여 외국을 내집처럼 드나들면서 여수를 알렸다. 세계는 여수시민들의 저력과 오현섭 시장의 노력에 감동하게 되고 여수를 2012년 엑스포 개최지로 선정하였다. 여수가 엑스포 개최 도시로 지정 받는 날 시민들은 모두 거리로 나와 꺼져가는 여수가 아니라 희망으로 거듭나는 여수를 느꼈다. 여수 시민들이 희망을 본 것이다. 여수 시민들은 희망을 통하여 날로 몰라 보게 변하는 자신들을 보면서 여수에서 기적이 일고 있다는 것을 느끼고 있다.

여수 사람들은 말한다. '과거의 여수에 이순신이 있었다면 현재는 오현섭이 있다고.'

우리는 현재 급등하는 유가로 인하여 살인적인 물가상승과 함께 경기불황이 이어지고 있다. 모든 국민들이 절망에 빠져가고 있다. 모든 국민들은 절망에서 자신을 구해 줄 이순신이나 오현섭과 같은 지도자를 원하고 있다.

임진왜란은 일본 전국시대를 통일한 도요토미 히데요 시가 일본을 통일하면서 아직 불만을 가지고 있는 세력들의 관심을 전쟁으로 돌리기 위하여 일으킨 전쟁이다. 그러나 명분은 명나라를 쳐서 자기 나라의 식민지로 만들어야 하기 때문에 조선에게 길을 비켜달라고 하였으나 조선이 거부하자 그것을 트집 잡아 일으킨 전쟁이다. 왜군은 명나라로 가는 길이라고 하면서 조선을 치면 힘이 약한 조선을 빼앗을 수 있다고 생각했기 때문이다.

임진왜란으로 인해 조선의 산하는 만신창이가 되었다. 갈기갈기 찢겨서 아무도 살 수 없는 땅이 되었고 농사조차 짓지 못하게 되었다. 임진왜란 전에는 농지 면적이 170만 결에 달했으나 전란이 끝나고 광해군 시대에는 54만결로 줄어, 그만큼 농민의 생활이 어려워지고 국가의 조세 수입도 감소하였다. 2/3 이상의 농지가 사라지고 상처를 받게 된 것이다.

또 헤아릴 수 없을 정도로 많은 사상자를 내어 부상자가 쌓이고 인구는 줄고 가옥과 재산의 손실도 막대하였다. 이런 상태에서 인심이 흉흉해지니 이몽학의 난과 같은 반란도 일어났다. 그리고 전쟁 중에 군량을 모으기 위해 발행한 공명첩(돈이나 곡식 등을 받고 부유층에게 관직을 파는 일종의 매관직첩)이 안정되었던 조선의 신분제도를 붕괴시키는 데 한몫을 하였다.

문화적인 면에서도 국보급의 문화재가 거의 불타 없어졌으며 많은 책과 미술품들이 약탈되었다. 또한 전염병이 돌자 허준이 동의보감을 편찬하기도 하였다. 그리고 명의 군사 원조를 받아 숭명 사상이 더욱 강화되어 훗날 정묘호란, 병자호란을 초래하는 한 이유가 된다.

백성들은 일본의 신무기인 조총의 위력에 혼비백산이 되었으며, 도망가기 바빴다. 한마디로 절망적인 삶이었다.

이러한 난국에서 이순신이 온 백성에게 희망을 주는 첫 번째 해전을 치르니 그것이 바로 옥포해전이었다. 조선 수군이 일본의 도도 다카토라[藤堂高虎]의 함대를 무찌른 이 해전을 통해 백성들은 연전연패함으로써 패배의식 속에서 드디어 희망을 찾게 되었다. 그렇기 때문에 옥포해전은 단순한 승리의 의미보다는 희망의 메시지였다.

옥포해전을 치르기 위해 이순신은 전라좌수영이 있던 여수의 진해루(현재 진남관)에서 옥포해전 출정을 결단하기 위하여 전라좌수영 휘하 5관5포 지휘관들이 모여 회의를 하였다. 부하 지휘관들은 이순신의 전라좌수영에서 경상우수영으로의 공격은 부당한 것이라고 하였다. 그러나 이순신은 확고하게 "나의 명령에 따르지 않으면 목을 치겠다."라고 말하고, 지휘관들은 이순신의 확고한 의지를 알고 더 이상 만류하지 않았다. 이순신에게는 무엇보다도 패배의식에 빠져 있는 백성들에게 희망을 전해주어야 할 때라고 생각했다.

　이순신은 다음날 새벽에 휘하의 판옥선(板屋船) 25척, 협선(挾船) 15척, 포작선(鮑作船) 46척을 이끌고 당포 앞바다에서 합세하였다. 이때 원균은 그가 거느리고 있던 70여 척의 전선을 모두 잃고 겨우 3척으로 합세하였다.

　거제시 남부면 다대포에서 1,500여 명의 병사들과 하룻밤을 묵는다. 적들은 옥포에 있었으나 굽이진 다대포는 산들에 가로막혀 육안으로 보이지 않는다. 적의 바로 턱밑에서 하룻밤을 편히 지내고 간 그런 항구이다. 거센 바람 앞 촛불처럼 위태로운 조선의 운명 때문에 이순신의 마음은 편안하지 않았다. 당시 선조는 이미 개성으로 물러났고, 일본군은 서울을 점령했다. 그러나 이순신은 정확한 전쟁 상황은 알지 못했다. 그가 알고 있는 것은 우리 군이 육지와 바다에서 모두 패했고 외적이 점점 서울로 가까이 가고 있다는 막연한 소식뿐이었다. 육전과 조정에 대한 정보가 전무한 상황에서 이순신은 몹시 답답하였다.

　적들이 정확히 어디에 포진해 있는지에 대한 정보도 없이, 단지 적들이 경상도 쪽에 있다하여 그 해역을 수색하여 적을 잡자는 답답한 마음으로 다대포로 넘어온 것이었다. 적들은 막연히 멀리 있는 동시에 너무나 가까이 있었다. 옥포만은 이순신의 첫 해전이자 우리수군의 첫 승리가 있었던 곳, 새벽 다대포를 떠나 북진하던 이순신 함대는 옥포만 안쪽에서 일본군선을 발견한다. 이순신은 여러 장수에게 타이르기를 "망령되게 움직이지 말고 조용하고 무겁기를 태산과 같이 하라." 라고 말한다.

　이순신함대는 옥포선창에 정박 중인 왜군들을 포위하듯 줄을 지어 한꺼번에 옥포만으로 들어간다. 포구에서 노략질을 하던 외적들은 우리전함의 등장에 급히 배에 올라 맞서 싸우나 얼마 버티지 못하고 모두 격파된다. 이 전투에서 조선 수군은 일본전선 26척을 모두 분열하는 전과를 올린다. 이순신은 옥포해전에서 왜선 42척을 가앉히고 4천 명의 왜군을 섬멸하는 성과를 가져왔을 뿐만 아니라 승승장구하던 왜군들의 콧대를 꺾는 계기가 되었다.

옥포의 승전보는 계속되는 패배로 전의를 상실한 조선의 첫 희망이 된다. 매번 지기만 하였던 조선 군사들이 전쟁에서 이겼다는 소식은 절망 속에 있던 백성들에게 희망이 되기에 충분하였다. 뿐만 아니라 이제는 싸워도 이길 수 있다는 자신감을 주었다. 이길 수 있다는 자신감은 결국 임진왜란을 승리로 이끌 수 있는 원동력이 되었다.

이순신의 일생에서 중요한 요소가 바로 포기가 없었다
는 것이다. 이순신은 하는 일을 중간에 그만둔다는 사
실은 꿈에서 조차 생각해 본 적도 없고 사람들 앞에서 표현해 본 적이
없다. 이순신의 삶은 말로는 형용할 수 없는 힘든 고난의 과정이었다.
그러나 포기를 하거나 의욕이 저하될 만한 상황이 헤아릴 수 없이 많
지만 그런 환경과 상황을 이겨낼 수 있었던 것은 이순신만이 가지고
있는 특유의 희망 리더십 때문이었다.

이순신은 남들과 타협을 하지 않고 독특한 정신세계를 가지고 있었
기 때문에 매우 외로운 분이었다. 이순신은 혼란의 시대에 고단한 삶
을 살았다. 당쟁으로 분열된 시대의 한가운데 태어나, 늦은 나이로 관
직에 나가 북방을 수시로 위협하던 여진족에 맞서고, 권력욕과 부패
로 얼룩진 정치권에 의하여 희생을 당하였다. 관직에 올랐어도 언제

나 한직에 있거나 좌천되기 일쑤였다. 평범한 사람들 같으면 그 정도의 고난이면 마음을 비우고 편하게 살기를 원했겠지만 이순신은 아무리 절박한 상황이라 해도 항상 다시 시작하였다. 언젠가는 좋은 세상이 열릴 것이라는 희망으로 인해 아무런 불평도 하지 않았다.

이순신은 23년간 3번의 파직을 당하고, 1번의 사형 선고를 받았으며, 2번의 백의종군을 겪는 수모와 고통을 당하면서도 자신의 꿈과 희망을 지켜냈다. 보통 사람이었다면 자신의 성공적인 성과가 많음에도 불구하고 자신을 알아주지 못한 선조에 대한 불만이 많았겠으며, 자신을 죽이려고 한 조선이 미웠을 것이다. 그러나 그는 개인적인 감정보다는 조국의 미래가 더욱 걱정이 되었던 것이다.

이순신은 권력에 굴하지 않는 용기와, 스스로 옳다고 믿는 신념을 가지고 맡은 일에 최선을 다하고, 희망을 잃어버린 백성을 높이 섬기는 배려를 하였으며, 자신을 모함하는 소리에도 의지를 굽히지 않고 오직 바른 길을 걸었다.

삼도수군통제사가 되었을 때 부산 앞바다를 공격하라는 선조의 명령을 어겼다는 이유로 압송되어서 모진 고문을 받았으며, 사형선고까지 받게 되었다. 그러나 이순신은 절망하지 않았다. 자신이 두고 온 부하와 백성들이 걱정스러웠을 뿐이었다.

백의종군과 함께 어머니가 돌아가셨다는 소식을 전장에서 듣고도 사선(死線)을 향하는 이순신의 고뇌, 당시 조정 권력의 암투에서 힘없이 당하는 자신의 모습은 한마디로 절망이었지만 그는 아무런 표현을 하지 않았다. 임지에 도착했을 때도 도저히 전쟁을 치르기에는 불가능하리만큼 무기와 전선이 턱없이 부족했다. 더 큰 문제는 부하들의 패배감과 절망감이었다. 백성들은 공포에 쌓여 도망만 가려고 하였다. 그러나 이순신은 좌절하지 않고 승리하고야 말겠다는 강한 신념을 가지고 패배감에 쌓여있던 부하들과 백성들에게 희망을 심어주었다. 절망밖에 없던 부하들과 백성들에게 이순신은 희망이 되었던 것이다.

월드컵에서 4강의 기적을 일구어낸 히딩크는 국민적 영웅이 되었다. 그러나 그의 영입부터 막대한 스카웃 비용에 대한 말이 많아 반대하는 사람이 많았다. 처음 국내에 상륙해서도 그의 독특한 용병술과 특이한 훈련 방법에 대하여 수많은 사람들과 언론들이 하나같이 질타를 하였다. 선진 유럽 축구를 우리나라에 적용하는 것은 잘못되었다는 시각에서부터, 그의 의식 자체가 우리나라의 문화에 맞지 않는다는 것이었다.

급한 사람들은 징계론을 거론하면서 계약을 파기하고자 하였다. 그러나 히딩크는 들은 체도 하지 않고 꿋꿋이 자기의 길을 간 것이다. 그래서 만들어진 것이 월드컵 4강의 신화이다. 4강 신화가 이루어진 날 세계는 열광하였고 국내의 언론과 국민들은 히딩크에 대하여 열광하였다.

히딩크의 4강에 대한 성공요인은 매우 많다. 그의 전략은 몇 명의 베스트멤버 위주로 구성된 한국 축구의 문제점을 극복하고 "베스트멤버는 통상적인 선수 개인의 능력이 아니라 상대방에 대한 전략에 따라 구성한다."라는 말로 그의 전략을 대변하였다. 그의 성공요인 중의 하나는 한국적 특색을 배격한 것이 아니라, 한국선수들이 가진 내면의 힘이 발현될 수 있도록 이끌었다는 점이다.

정확히 밝혀지지는 않았지만 히딩크의 고뇌와 좌절은 대단하였을 것이다. 그의 고향 네덜란드에서는 국민적인 영웅이 동방의 조그만 나라에서 갖은 수모를 당하였기에 일반인이 겪는 고통과 고독은 더욱 컸을 것이다. 그러나 그가 지금의 성공요인이 된 이유는 어떠한 상황이 오더라도 언젠가는 꼭 성공하고 말리라는 자신이 가진 생각을 꿋꿋이 밀고 나갔다는 점이다. 히딩크가 성공한 원인은 어떠한 난관도 극복하리라는 희망을 가짐으로 인하여 세계적인 명장으로 자리매김할 수 있게 한 원동력이 되었다고 할 수 있다.

이순신에게는 5명의 아들이 있었다. 본부인 방씨 사이에 회, 열, 면 등 3형제와 딸을 두었고, 서자로 훈, 신 그리고 2명의 딸 등 5남 3녀를 두었다. 이순신의 큰아들 회와 열은 일찍부터 아버지를 따라 수군으로 일본군과 싸웠다. 마지막 해전인 노량해전 당시 이순신의 옆을 지키고 있었던 이는 그의 조카인 이완과 큰아들 이회였다.

하지만 이순신은 자신의 아들이라 해서 특별대우를 하지는 않았다. 오히려 한산도 수군 본영에서 전쟁 기간 중 있었던 무과에서 시험 담당관으로써 아들들을 번번이 탈락시킨 것으로 유명하다. 실적도 없는 자기 아들을 전공자로 만들어 상을 받게 만들던 원균과는 비교가 되도 한참 되는 일이었다.

셋째 아들인 이면은 이순신이 백의종군을 할 당시 충남 아산의 충무공 본가에 있다가 노략질을 온 왜군에 의해 피살당했다고 알려져 있다. 무고한 혐의로 백의종군을 시킨 것에 충격을 받아 노모가 돌아가시고 자신을 돌보기 위해 첫째와 둘째가 온 사이 본가에 남아있던 셋째아들 면의 죽음은 이순신에게 커다란 충격을 주게 된다.

명량대첩에서 이순신에게 완패한 왜군들은 그 앙갚음으로 아산에 있던 이순신의 가족을 몰살하라는 지시를 내린다. 이에 셋째 아들 면과 백성들은 공격에서 맞서 목숨을 구걸하거나, 도망하지 않았으며 떳떳이 맞서다 전사하였다. 그의 나이는 21살이었다.

난중일기를 보면 당시 이순신의 마음을 이해할 수 있다.

맑음. 새벽 2시쯤 꿈을 꾸니, 내가 말을 타고 언덕 위를 가다가 말이 실족해서…

내 가운데로 떨어졌으나 거꾸러지지는 않았다.

그런데 막내 아들 면이 나를 붙들어 안는 것 같은 형용을 하는 것을 보고 깨었다.

무슨 조짐인지 알 수가 없다.   …(중략)…

저녁에 사람이 천안에서 와서 집에서 온 편지를 전하는데..

떼어보기도 전에 뼈와 살이 먼저 움직이고 정신이 황난하다.

겉봉을 대강 뜯고 둘째 아들 열의 글씨를 보니, 겉에 통곡(慟哭)이라는 두 글자가 써 있다.

면이 전사한 것을 마음속으로 알고 간담이 떨려 목 놓아 통곡했다.

하늘은 어찌 이다지도 어질지 못한가? 간담이 타고 찢어지는 것만 같다.

내가 죽고 네가 사는 것이 올바른 이치인데,

네가 죽고 내가 살다니 이것은 이치가 잘못된 것이다.

천지가 어둡고 저 태양이 빛을 잃는구나! 슬프다, 내 어린 자식아.

나를 버리고 어디로 갔느냐? 영특한 기상이 보통 사람보다 뛰어났는데..

하늘이 너를 머물게 하지 않는가? 내가 죄를 지어서 그 화가 네 몸에까지 미친 것이냐?

이제 내가 세상에 있은들 장차 무엇을 의지한단 말이냐?

차라리 죽어서 지하에 너를 따라가서 같이 지내고 같이 울리라.

네 형과 네 누이와 너의 어머니도 또한 의지할 곳이 없으니..

아직 목숨은 남아있어도 이는 마음은 죽고 형용만 남아 있을 뿐이다. 오직 통곡할 뿐이로다.

밤 지내기가 1년처럼 길구나. 이날 밤 9시경에 비가 내렸다.

이 글을 보면 셋째 아들 면의 전사 소식을 들은 이순신은 아들이 죽었기에 자신까지 같이 죽고 싶은 마음도 간절하였고, 아들이 없는 세상을 하루가 일 년같이 느꼈다고 적고 있다. 아들의 전사를 자신 때문이라고 생각하고 죄책감으로 괴로워하고 있는 것을 알 수 있다.

얼마나 슬펐으면 같이 죽고 싶다는 말까지 적고 있으며 이것은 가족을 지켜주지 못한 자신의 신세를 단적으로 보여주고 있으며, 자신이 왜군을 많이 죽인 대가를 아들이 받았다고까지 생각하고 있다.

위의 일기를 보면 이순신은 10월 14일에 아들의 전사소식을 듣고 큰 충격에 빠져 고뇌에 빠져 있는 것을 잘 알 수 있다. 일기를 보면 이러한 그의 슬픔을 구구절절이 느낄 수가 있다. 그러나 10월 16일의 일기를 보면 정상적인 업무를 하고 있는 것으로 보인다. 이순신 자신의 아들을 잃은 슬픔을 백성의 슬픔을 보면서 그는 다시 이기고 있는 것이다. 자신의 슬픔보다 나라를 구하고자 하는 일이 더 중요하였기에 그리고 자신을 바라보면서 희망을 느끼는 백성들 때문에 그는 슬픔을 딛고 일어난 것이다. 이순신은 오랫동안 슬퍼하거나 힘들어 할 수도 없었다. 그에게는 조선과 백성이 있었기 때문이며, 조선과 백성은 그에게 희망이었다.

1592년 시작된 임진왜란은 1594년 이후에는 갑자기 휴전 교섭이 지속적으로 이루어졌다. 갑자기 휴전 교섭이 이뤄지는 이유에는 몇 가지가 있다. 우리나라에서는 이상 기후 증상이 많이 발생을 하였고 전쟁으로 인한 농경의 실패가 극심하였고 이와 직결된 식량의 부족이 심했다.

명나라 입장에서는 날씨는 점점 추워지고 속히 본국으로 돌아가고 싶은데 아직 종전이나 휴전이 없기에 고심하였던 기간이었고 일본은 부산포 앞바다 상륙 후 마치 대나무를 쪼개듯 서울까지 밀고 올라갔지만 조명연합군과 날씨 탓에 휴전을 원하고 있었다.

조선과 명나라와 일본의 태도가 휴전을 원하고 있었기에 지속적으로 휴전에 대해 이야기를 하고 있었다. 이러한 휴전 교섭이 지루하게 끌더니 1596년에 도요토미 히데요시가 생각하는 강화조건이 나오지 않자 휴전 협상은 결렬이 된다.

휴전협정이 이루어지는 동안 대부분의 사람들은 전쟁이 끝날 것이라는 기대감에 차서 오래간만에 여유를 즐겼다. 그러나 이순신은 속지 않았다. 분명히 왜군들은 숨을 돌리고 재정비하여 더욱 강력한 군사력을 모아 다시 쳐들어 올 것이라는 확신을 가지고 다가올 재침입에 대한 대비를 철저히 하였다.

그러나 세상은 너무 오랜 흉년과 전쟁으로 인해 농지의 파괴로 백성들은 제대로 먹지도 못할 지경이 되었다. 뿐만 아니라 전염병이 창궐하여 일만 팔천의 군사가 4천 5백 명으로 줄어들었다. 이순신 자신도 평생 동안 고질적인 위장병과 전염병으로 고통을 받았다. 엎친 데 덮친 격으로 모든 것이 이순신에게 어렵게 작용하였다. 이순신 장군은 전염병으로 인해 10여일을 앓는 등 자주 아팠으나 군무를 조금도 게을리 하지 않았다. 오히려 전염병으로 죽은 군사와 백성들의 시신을 거두어 장사를 지내어 주고 제문을 지어 위로해 주었다.

그러나 이순신 역시 임진왜란으로 피폐해질 대로 피폐해진 조국을 보면서 어찌 좌절하지 않았겠는가? 전염병이 휩쓸고 지나간 자리를 보면서 어찌 눈물 흘리며 모든 것을 포기하고 싶지 않았겠는가? 신이 나에게만 이토록 가혹한 삶을 준다고 원망도 했을 것이다. 정말 이순신은 무릎을 꿇고 신에게 "이 국난을 헤쳐 나갈 지혜를 달라"고 간절하게 기도했을 것이다. 하늘이 지금 "나를 도와주지 않는다면 이 조국은 이 풍전등화와 같은 시련 속에서 꺼져갈 수밖에 없다"라고 기도했을 것이다.

그러나 무엇보다도 역경 속에서도 좌절하지 않았던 것은 바로 절망에 빠진 백성에게 희망을 주어야 한다는 애정을 가지고 있었기 때문이다. 이미 전쟁의 영웅으로 백성들에게 희망을 주었던 이순신은 자신을 바라보는 수많은 백성들을 보면서 어떻게든 어디로든 이끌고 나가야만 했다. 결국 백성들이 행복한 삶을 살 수 있게 하기 위해서는 이순신은 포기하지 않고 빨리 전쟁을 승리로 이끌어야 한다는 것을 알게 되었다.

리더는 아무리 어렵고 힘든 일이 있다 하더라도 이를 보지 않고 건너 갈 수 있는 희망이 필요하다. 5년이나 10년 앞에 이루게 된 미래의 모습을 마치 현재에 있는 것처럼 생생하게 느끼게 할 수 있는 희망이 필요하다. 현실이 힘들고 견디기 힘들어 포기하고 싶은 경우가 있다. 도저히 앞으로 나갈 수 없을 것 같고 나의 모든 힘을 다 썼기 때문에 전진하지 못할 경우도 있다. 그래서 모든 것을 다 던져버리고 싶은 것이다. 하지만 이런 경우일수록 리더는 미래에 초점을 맞추고 힘과 용기를 던져 주어야 한다.

이순신은 희망을 가지고 필요한 군량을 확보하고 사람들을 모아 전선을 제조하고 백성에게 희망을 전하며 이 어려운 때를 극복하자고 했다. 진정한 위대한 리더의 자질은 평소에는 잘 알 수 없다. 시련의 시절을 거쳐야 우리는 국난을 극복할 수 있는 지혜로운 위대한 리더인지 아니면 리더 같은 범인이었는지를 알 수 있다. 지진이 발생하면 가장 먼저 알고 도망가는 것은 쥐들이라고 한다. 자연의 변화에 민감한 쥐들은 인간이 알기 전에 미리 도망을 가는 것이다.

큰 시련을 겪으면 옥석을 구분할 수 있고 아군과 적군을 구분할 수 있고, 평생 함께 갈 동지인지 아닌지를 구분할 수 있는 것이다. 시련을 극복하는 지혜를 가진 위대한 리더인지 아니면 시련을 회피하여 도망하는 자인지를 알 수 있기 때문이다. 시련을 극복할 수 있는 지혜는 역경이 올 때 알 수 있는 것이다.

6 | 절대 포기하지 마라

　　칭기즈칸은 말했다. "나는 한계를 딛고 일어섰을 때 비로소 테무친이라는 평범한 아이에서 위대한 황제인 칭기즈칸이 되었다"

　칭기즈칸의 한계는 누가 정해준 것이 아니라 자기가 만든 기준이라는 것이다. 한계라는 것은 어렵다고 생각하여 스스로 할 수 없다는 생각을 갖는 것을 말한다. 한계는 누가 정해준 것도 아니고 사회적 기준이나 법도 아닌데 내가 스스로 사물을 보고 만든다는 것이다. 즉 본인이 한계를 만들지만 않는다면 한계는 이 세상에 없는 것이 된다.

　그런데도 우리는 매사에 스스로의 한계를 규정하고 나는 이 정도 밖에는 안 된다는 한계를 만들어 도전도 해보지 않고 스스로 포기하는 일이 많다. 실패를 두려워하기 때문이다. 그래서 용기가 안생기기 때문에 도전을 하지 못하는 것이다.

그러나 도전은 성공을 위해 필수적인 것이다. 도전하지 않는 것에 성공이란 있을 수 없기 때문이다. 도전하면 50대 50의 승부수가 있다. 인생을 살면서 50%의 승률은 매우 높은 것이다. 이렇게 높은 승률을 스스로 포기한다는 것은 매우 위험한 일이다.

실패를 경험했다고 해도 실패는 우리의 삶을 구렁텅이로 만들거나 모든 것을 잃게 하지 않는다. 단지 실패했다는 사실이 두려운 것이다. 그러나 실패도 내가 인생을 살아가는데 중요한 경험이 된다면 실패도 달갑게 받아들여야 한다.

도전이 주는 최악 피해는 실패를 경험할 기회를 준다. 도전하지 않으면 우리는 실패를 경험할 기회마저 저버리게 된다. 진정으로 용기 있는 사람이라면 도전이 주는 피해를 걱정하지 않고 실패가 주는 경험을 즐긴다.

성공한 사람들을 보게 되면 그 사람이 매우 특이한 사람이기 때문에 성공했거나 운이 매우 좋아서 하는 일마다 성공했기 때문이라고 생각하는 경향이 많다. 그러나 실제로는 그렇지 않다. 성공한 사람들의 면면을 보면 그만큼 실패를 했기 때문에 성공이 값어치가 있는 경우가 많다.

이순신은 주변 상황이 어려워질수록 희망을 생각했다. 수많은 협박과 회유에도 그의 희망은 변하지 않았으며, 오직 국가와 백성에게 희망을 주어야 한다는 생각으로 자신을 재무장해나갔다.

이순신은 가족에 대한 사랑보다 국가나 백성에 대한 사랑이 더 중요하였으며, 국가에 대한 충성과 백성에 대한 사랑을 위하여 두 아들이 전쟁터에서 사망해도 참아야 했으며, 백의종군하면서 어머니의 임종을 지켜보지 못하였다.

백성들은 자신의 가족도 돌보지 않은 상태에서 자신들의 평안과 안전을 걱정하고 책임지는 이순신이 존경스러울 수밖에 없었다. 백성을 하늘같이 떠받들고 그들에 대한 사람이 넘쳐나는 것을 느낀 백성들은 이순신을 형이나 아버지처럼 따를 수밖에 없었던 것이다. 당시 전쟁 아래에서 희망을 잃었던 백성들에게 이순신은 하나의 희망이었다. 이순신이 이 험난한 전쟁을 그치고 자신들을 편안한 세상으로 데려다 줄 것 같은 희망이었던 것이다.

오늘날 우리 국민들은 진정으로 살기 좋은 세상이 되기를 희망하고 있고 이순신과 같은 리더십을 가진 지도자를 원하고 있다. 그래서 요즘의 정치인들은 이순신을 칭송하고 그를 닮기를 원하고 있다. 그러나 진정으로 이순신과 같은 존경을 받기 위해서 자신의 이익과 안녕을 버리고 국민입장에서 전체의 이익과 행복을 가져다 주어야 한다. 이순신의 위대함은 이순신의 가족에 대한 사랑과 인간적인 아픔이 백성들에게 희망을 주고 싶은 마음으로 승화한 것임을 가슴 깊이 명심해야 한다.

어린아이들은 실패가 무엇인지를 모른다. 그렇기 때문에 무엇이든 행동으로 옮겨서 좋은 것들은 빨리 배운다. 당신도 걸음마를 배울 때, 몇 걸음 걷다가 넘어지고 또다시 일어나기를 반복하면서 배웠을 것이다. 심지어는 다치기도 하였을 것이다.

어린아이는 다치거나 상처 입는 것을 두려워하지 않기 때문에 모든 것을 배워나간다. 그러나 어른이 되면서 세상을 알게 되고 어려울 것 같다는 생각이 스스로의 포기를 만든다. 불가능하다고 생각하는 것은 실제 불가능해서가 아니라 내가 만든 기준 때문에 그렇다는 것이다. 그래서 성공한 사람들은 불가능이 없다고 하기도 하고, 포기하지 않으면 모든 것이 이루어진다고 하였다.

이순신은 어떠한 어려움 앞에서도 자신의 희망을 포기하지 않았다. 오히려 희망이 있었기에 고난을 극복할 수 있는 힘이 되었다. 테무친이 한계를 버렸을 때 비로소 징기즈칸이 되었듯이 이순신은 한계를 버림으로 인해서 결국은 평범한 인간에서 위대한 인간으로 거듭났다.

7 희망은 마치 길과 같다

1597년 10월 말부터 이순신은 수군을 고하도로 이전하여 겨울을 나게 되는데 1598년 2월까지 그곳에서 보내게 된다. 고하도에서 100여 일은 이순신에게 특별한 의미가 있는 시간들이었다. 먼저 고하도를 선택한 조건이 북서풍을 막아줄 섬이 구조와 전선을 감추기에 적합한 곳이었다.

고하도에서도 이순신은 전선 만드는 작업을 쉬지 않고 한 것으로 난중일기에 나와 있다. 12월 10일의 난중일기에는 배 만드는 곳에 나가 앉았었다고 기록하고 있고 진도에 군관을 보내어 전선 건조에 대해 조사하도록 지시도 하였다. 이순신은 철저한 유비무환의 자세로 준비하고 있었다. 군량미를 모으고 이를 보관한 창고를 지어 안전하게 보관하게 하기도 하였다.

고하도에서 진을 머무르게 한 시절에 이순신은 주변의 민심을 회복하고 국가의 통치권을 세우기 위해 부하직원과 유기적으로 의사소통하여 다양한 임무를 부여하고 소임을 완성할 수 있도록 도와주고 있었다.

이순신은 자주 부하장수들과 회의를 통하여 본인의 뜻을 전달하고 부하장수들의 의견을 들어 업무를 했는데 이는 최선의 결과를 얻기 위한 이순신의 의견 수렴의 과정이었다. 1597년 12월에 전라도 순찰사 황신이 고하도에 들렀을 때에도 이순신이 그와 함께 연해 19개 읍을 수군에 전속시키는 일에 대해 논의를 하고 간 기록이 있다.

이순신은 이처럼 주변에 있는 사람들과 지속적인 의사소통을 통하여 사람들의 의견을 듣고 이를 반영한 업무추진을 한 것이다. 이순신은 주변 사람들의 지혜를 모으는 지혜가 있었다.

팀워크는 리더의 지혜로부터 나온다. 팀원들의 의견을 경청하고 그들의 생각을 반영할 수 있도록 노력하는 리더의 지혜가 팀워크를 만드는 것이다. 많은 사람들이 리더는 남에게 명령하고 것으로, 커뮤니케이션은 말을 잘 하는 것으로 생각한다.

다국적 여성용품 회사인 P&G에서는 명령만하는 부류의 리더들을 절대 원하지 않는다. P&G에서 요구하는 리더는 직원들이 일을 잘 할 수 있도록 동기부여하고 일할 맛 나는 분위기와 환경을 만들어주는 사람이고 커뮤니케이션은 말을 잘 하는 것이 아니라 말을 잘 듣는 것을 의미한다. 그러므로 명령으로 리더십을 채우려 하고 말을 잘 하는 것을 마치 리더십이 있는 양 착각하는 리더들은 조직을 올바른 길로 인도할 수 없다.

'성공하는 사람들의 7가지 습관' 이란 책에는 영향력의 원과 관심의 원에 대해 이야기를 하고 있다. 누구에게나 관심의 영역이 있고 영향력의 영역이 있다는 것이다. 즉 우리가 늘 관심을 갖고 사는 관심의 영역이 있는 반면 우리의 영향력을 발휘하여 변화시킬 수 있는 영향력의 원이 있다. 관심은 나의 관심만이 미치는 곳이지만 영향력의 범위는 나의 생각의 힘이 미치는 곳이다. 이순신은 영향력의 원에 있는 모든 사람에게 희망을 주었다. 희망으로 그들이 모진 세월을 이기게 만들고 있었다.

　이순신은 사람들의 의견을 잘 경청하고 그들의 뜻을 잘 헤아림으로써 영향력의 범위를 넓혔습니다. 함께 모여 의견을 주고받고 그들의 고충을 듣고 그들을 안음으로써 하나가 되게 하는 놀라운 능력을 지니고 있었다.

　남극의 황제 펭귄들은 추운 남극에서 살아남기 위해 놀라운 지혜를 발휘하게 되는데 이는 수천 마리의 펭귄들이 모여 서로의 체온을 의지하여 무리를 지음으로써 추위를 막는 것이다. 황제 펭귄의 이러한 팀워크는 내부 의사소통에 의해 가능한 것이다. 일정 시간이 지나면 무리의 외부는 안쪽으로 들어가게 되고 안쪽에서 체온을 유지한 펭귄이 바람막이가 되는 것이다. 황제 펭귄에게는 서로의 생각을 잘 이해하고 서로 경청함으로써 그 추위를 이겨내는 것이다. 황제 펭귄은 서로서로 모두에게 희망이 되기 때문에 그 혹한을 지킬 수 있는 것이다.

　임진왜란 당시에는 백성들과 군사들이 이순신의 배려와 걱정으로 모진 추위를 이겨낼 수 있었다. 다시 말해 이순신을 구심점으로 백성들과 군사들은 왜란이라는 추위를 견뎌 낼 수 있도록 그가 희망을 주었기 때문이다.

　중국의 저명한 작가 중 아큐정전으로 유명한 노신의 글 중에서 이런 말이 있다. "희망이란 본래 있다고도 할 수 없고 없다고도 할 수 없다.

그것은 마치 땅 위의 길과 같은 것이다. 본래 땅 위에는 길이 없었다. 걸어가는 사람이 많아지면 그것이 곧 길이 되는 것이다.”

　그렇다. 희망은 처음부터 있었던 것이 아니라 선구자가 길을 열고 만들어 갔기 때문에 길이 되었으며 길을 가는 사람들에게 희망이 된 것이다. 따라서 희망은 희망을 갖고자 하는 사람에게만 존재한다.

　희망이 있다고 믿는 사람에게는 희망이 있고, 희망이 없다고 생각하는 사람에게는 실제로도 희망은 존재하지 않는 것이다. 이순신은 희망을 만들었기에 조선의 역사와 백성들이 그의 희망을 따라 간 것이다. 그래서 현재 우리가 있는 것이다.

8 일본의 희망을 한국의 희망이 꺾다

우리에게는 이순신이 있었다면 일본에는 와키자카 야스하루가 있었다. 이순신과 와키자카 야스하루는 서로 닮은 점이 많았다. 두 사람 모두 무인이면서도 최고의 명장이었다. 그러나 차이는 조선은 이순신이 왜군을 물리쳐줄 희망이라고 생각했듯이, 일본은 이순신을 없애줄 희망으로 생각하였다.

일본의 장수 와키자카 야스하루는 전국 시대에 일본 오미 지방에서 태어났다. 원래는 오다 노부나가(織田信長)의 오른팔 되는 가신인 아케치 미쓰히데의 부하로 전쟁에 참전하여 큰 공을 세우게 되면서부터 일본의 역사 속에서 조명을 받게 된다.

아케치 미쓰히데가 도요토미 히데요시의 수하로 들어가게 됨에 따라 자연스럽게 그의 밑에서 드디어 그의 재능의 두각을 나타내게 된다. 와키자카 야스하루는 도요토미 히데요시를 위하여 수많은 전투에서 혁혁한 전과를 세운 장군으로 거듭나게 되었다.

전국시대를 마감하고 일본을 통일한 도요토미 히데요시는 1592년 조선을 정벌하기 위하여 조선에 파병을 하게 된다. 도요토미 히데요시는 고니시 유키나가, 가토 기요마사 등과 와키자카 야스하루 등을 선봉장으로 임명하여 출전을 하게 된다. 조선에 첫발을 디딘 와키자카 야스하루는 오랫동안의 실전 경험을 바탕으로 용감한 병사들을 거느렸기 때문에 제대로 준비되어 있지 않은 조선 군사들은 식은 죽 먹기였다.

와키자카 야스하루는 한양 주둔군 지휘관으로 있다가 1592년 6월 5일 용인에서 1500명의 기병으로 전라도관찰사 이광, 경상도관찰사 김수, 충청도관찰사 윤선각의 5만 연합군을 격퇴하고 전직 부사(종3품) 백광언과 역시 부사를 지낸 이지시를 전사케 한다. 물론 우리측 사료에는 야스하루 측이 군사가 더 많았다고 하지만 그래도 와키자카 야스하루 측이 불리했다고 하는 쪽이 대체적인 견해이다. 와키자카 야스하루가 이 정도의 성과를 보인 것은 그만큼 일본이 확실히 조선보다 전력에서 우위를 차지하고 있었음을 말한다.

그렇듯 역량이 뛰어난 장수지만 바로 한달 후인 1592년 7월의 한산도대첩에선 이순신-원균-이억기의 3도수군 연합함대에게 참패하여 59척의 안택선을 잃어버리고 참패하여 도망 다녔다. 와키자카 야스하루는 이순신의 난중일기처럼 전쟁 중에 기록을 남겼는데 그의 기록을 보면 한산도대첩 이후로 충격에 6일을 굶었으며, 내가 왜졌는지 생각하고 고민하는 문장이 있다.

"나는 이순신이라는 조선의 장수를 몰랐다.
단지 해전에서 몇 번 이긴 그저 그런 다른 조선장수 정도였을 거라 생각하였다.

　하지만 내가 겪은 그 한 번의 이순신 그는 여느 조선의 장수와는 달랐다.

　나는 그 두려움에 떨려 음식을 몇 날 며칠을 먹을 수가 없었으며, 앞으로의 전쟁에 임해야하는 장수로서 나의 직무를 다할 수 있으려는지 의문이 갔다.”

또한 이순신에 대한 소감을 상세히 기록해 두었다.

“내가 제일로 두려워하는 사람은 이순신이며

가장 미운 사람도 이순신이며

가장 좋아하는 사람도 이순신이며

가장 흠모하는 사람도 이순신이며

가장 죽이고 싶은 사람 역시 이순신이며

가장 차를 함께 마시고 싶은 이도 바로 이순신이다.”

　우리 역사 속에 와키자카 야스하루는 잔인한 왜장으로 묘사되어 있는데, 실제로는 와키자카 야스하루는 전형적인 사무라이였는데 명예를 중요시 하였으며, 차를 좋아했으며, 함부로 살생하기보다는 덕을 베풀어서 적을 자기수하로 만드는 장군이었다고 한다.

　와키자카 야스하루 한산도의 패전 이후에도 계속 해전에 종군하지만 칠천량 해전을 제외하면 조선수군에게 이기지를 못했다. 이후 임진왜란과 정유재란의 중간에 일본에서 영주들의 영지 조정이 있었는데 여기서 와키자카 야스하루는 뚜렷한 전과를 세우지 못했기 때문에 별로 대접받지 못한다.

　와키자카 야스하루는 도요데미 히데요시가 자신을 알아주지 못한 것에 대하여 섭섭한 마음을 품고 훗날 세키가하라 전투 때는 도쿠가와 이에야스에게 합류하게 된다. 그러나 도쿠가와 이에야스도 와키자카 야스하루를 중용하지 않고 소규모의 군대만을 지휘하게 하였다. 이후 와키자카 야스하루는 평범하게 살다 제명에 죽는다.

　현재 인구 8만여 명의 타츠노시는 와키자카의 영지(領地)였던 곳으로 현재 16대손인 와키자카 야스모토(脇坂安本)씨와 가족들이 살고 있다. 시내에는 와키자카가 영지를 통치했던 타츠노성과 별장, 신사가 있으며 매년 4월 벚꽃축제 때는 옛날 일본 무사들이 무장을 하고 거리를 걷는 무자(武者)행렬이 재현되는 소도시다.

　통영 한산대첩기념사업회는 올해 일본 효고(兵庫)현 타즈노(龍野)시를 방문해 왜 수군 장수였던 와키자카 야스하루(脇坂安治)의 후손과 시청 공무원들을 오는 8월 한산대첩축제 때 초청하고 싶다는 통영시장의 초청장을 전달했다.

Blue

이순신의 신뢰

임진왜란 중에 이순신을 만나면 백성은 '아 이제 살았다! 이제는 편히 잘 수 있다.'라며 안심하였다. 이순신은 늘 백성과 함께 있었기에 백성은 그를 따르고 믿었다. 이순신의 얼굴만 봐도 백성들은 안심하게 되었다. 이렇게 백성이 안심하는 이유는 이순신이 물질적으로 가진 것은 없었지만 그는 '신뢰'라는 큰 재산을 가진 진정한 리더였기 때문이었다.

신뢰는 나와 타인과의 관계에서 만들어지는 상생의 에너지다. 이 상생의 에너지는 긍정을 만들어 내는 활성화 에너지이고 사람을 움직이는 힘이 있다. 그러나 이 신뢰는 얻겠다고 해서 구하여지는 것은 아니다. 상대방이 줄 때 가능한 것이다. 이러한 신뢰는 내 스스로 신뢰를 만들어 낼 때 가능하다. 그렇기 때문에 신뢰는 타인으로부터 나오기 이전에 나의 내면으로부터 시작되는 것이다. 나 스스로가 나의 생각과 말과 행동을 믿고 인정해 주어야 신뢰의 기초가 만들어지는 것이다. 그러므로 신뢰의 리더십은 철저한 자기인식과 자기관리에서부터 시작된다. 내가 누구인지를 명확하게 아는 것이 선행되고 나를 어떻게 관리하는가가 실행되어야 신뢰가 형성되는 것이다.

이순신은 철저한 자기인식과 자기관리를 행했던 분이다. 신독을 하신 분이었고 스스로 높은 기준을 만들어 자기신뢰감을 강하게 형성하셨기 때문이었다.

Blue

왜란 중에 이순신은 매일 밤 허리끈을 풀지 않고 잠을 잤다. 겨우 서너 시간을 자고 일어나 공무를 보았다. 게다가 식사는 아침저녁으로 오륙홉의 밥이 전부였기에 이를 본 사람들은 "일은 많은데 식사가 적다"고 크게 걱정했다.

장군이라고 하여 부하들과 다르게 살지 않았다. 병사들과 같은 식사에서 했고 같은 잠자리를 잤다. 병사들이 훈련을 하면 언제나 이순신은 거기에 함께 있었다.

이순신은 매월 초하루와 보름날이 되면 반드시 서울을 향하여 예를 갖추어 인사를 하는 망궐례를 하고 공무를 시작하였다. 임금에 대한 그의 존경을 표했고 이는 부하 장수와 병졸들에게 귀감이 되었다. 공무로 바쁘다 하여 활쏘기를 게으르지 아니했다. 오히려 기회가 있을 때마다 활쏘기를 장려하고 함께 활쏘기를 하여 실력을 연마하였다.

활쏘기를 마치면 술을 나누어 마시며 피로를 풀고 이야기를 나누었다. 이순신은 그렇게 자기의 분하와 병사들과 함께 함으로 서로간의 신뢰를 쌓았다. 장군이라고 하여 남들보다 좋은 것을 먹지 않았으며 남들보다 좋은 것을 입지 않았고 남들보다 병법을 수련하기에 게으르지 않았다. 이순신이 스스로를 높여서 부하들보다 위에 있다고 생각했다면 그러한 신뢰는 형성되지 못했다. 그러나 이순신은 부하들을 사랑하고 배려함으로써 진정한 신뢰를 만들어다.

맥도날드는 세계적인 패스트푸드 체인점이다. 이 맥도날드는 스스로를 'People Business'를 한다고 한다. 즉 햄버거, 콜라, 감자튀김을 파는 패스트푸드점이 아니라 "사람을 근간으로 하는 믿음의 사업을 하고 있다"라고 한다. 이같이 "사람을 신뢰하는 사람 중심의 경영"이 백여 개 국가에서 맥도날드가 성공적으로 사업을 하는 원천인 것이다. 맥도날드에는 다섯 가지 인사원칙이 있다.

> 1. 상대방을 존중하라 (Respect People)
> 2. 상대방의 이야기를 잘 들어라 (Listen to People)
> 3. 상대방과 이야기를 나누어라 (Talk to People)
> 4. 상대방을 인정해 주고 키워 주라 (Let People Grow)
> 5. 상대방에게 동기를 부여하라 (Initiate Spirit)

우리가 보더라도 맥도날드의 인사원칙은 너무나도 일상적이고 너무나도 기본적인 것이라고 볼 수 있다. 그러나 이것이 맥도날드를 지배해 온 경영상의 인사원칙이고 이를 통해 소비자와 신뢰가 형성되었고 세계적인 기업으로 성장할 수 있었다.

　맥도날드의 인사원칙처럼 믿음이 쌓이는 것은 대단한 일을 통해서 생기는 것이 아니라 평소 작은 배려와 관심을 통해서 쌓이게 된다. 상대방의 이야기를 잘 들어주고 함께 이야기를 나누고 상대편을 인정하고 키워주는 것이 바로 배려인 것이다. 나는 바로 당신과 같은 편에 있다고 표현해 주는 것이 배려이다. 그래서 내가 너와 같은 편에 있음을 느끼게 될 때 우리는 믿음이 생기게 되는데. 영어로 아군을 'same side'라는 말을 쓰기도 한다. 이것은 같은 편에 또는 같은 면에 함께 있는 사람을 뜻하는 말이다.

　이순신의 신뢰는 병사들과 같은 음식을 먹고 같은 훈련을 함으로써 쌓이게 되었다. 명령만 내리고 쉬고 있는 장수가 아니라 함께 훈련에 동참하고 같은 밥상을 나눔으로서 믿음이 형성된 것이다. 이순신이 삼도수군통제사가 되어 수군의 최고위직에 있을 때에도 병사들과 똑같은 생활을 했다. 이러한 이순신의 삶이 부하와 병사들로부터 믿음을 얻게 하였다. 또한 부하를 잃으면 친히 아들을 잃은 듯 슬퍼하며 장사를 지내주니 병사와 백성이 친부모 따르듯이 하였다.

　이처럼 병사들의 이순신에 대한 신뢰는 이순신이 베푼 작은 배려와 같이 먹고 같이 자고 같은 훈련을 하는 동거동락에서 나온 것이다.

2 | 불신 속엔 분열이 시작된다

인간관계에서 신뢰를 구축하는 방법은 마음을 열고 믿을만한 일들이 쌓여질 때, 점진적으로 만들어져 간다. 이순신은 과거에 급제하여 공무를 시작한 이후 신뢰를 쌓는 일을 계속했다. 정직하게 나라와 백성을 위해 그는 헌신하였다. 그럼에도 불구하고 이순신의 헌신적인 노력을 이해하고 있는 사람은 드물었다.

유성룡과 같은 사람은 그의 충정과 나라를 위한 마음을 이해했지만 대부분의 조정 관리들은 당파싸움에 빠져 국가의 존망이 그들의 안중에 없었다. 오히려 당파 싸움에 빠져있는 자들은 그들의 권력을 잡기 위해 이순신을 활용하기까지 하였다. 이순신은 지속적인 구국의 정신으로 신뢰의 행동을 계속하고 노력했지만 조선 조정은 이순신의 행동과 전투를 의심의 눈으로 바라보고 있었다.

현대의 모든 조직들은 상당한 위기감을 느끼고 있다. 사기업 조직

뿐 아니라 공기업과 정부조직까지도 환경의 변화에 대한 위기감을 느끼고 있다. 과거 안정적이고 생산자 위주의 환경이 변하여 수많은 기업들이 경쟁하는 시대가 되었고 소비자들은 더 나은 품질의 제품과 서비스를 원하고 있다. 이러한 변화에 대응하기 위해 많은 기업들은 다단계 결재단계를 대폭 축소하고 현장에서의 결재 권한을 늘이는 팀제를 도입하여 실행하고 있다.

 정부조직도 지속적으로 국민들이 원하고 국민들이 만족하는 서비스를 제공하기 위해 변화하고 있다. 한편 일부 서비스 업종의 기관에서는 현장리더들에게 결재권한을 대폭 이양하고 있다. 다단계 결재방법으로는 현장에서 즉시 처리해야 할 업무를 제때 처리하지 못하게 되고, 고객으로부터 불만을 초래하게 된다. 이러한 불만은 경영성과에 악영향을 미치게 된다. 그런데 경영환경의 급격한 변화에 대응하고자 현장으로 대폭적인 권한위임을 하는 것은 신뢰가 바탕이 되지 않고서는 절대로 불가능하다.

 고객 접점의 직원들을 믿고 의지하지 않고는 경영자나 주주는 늘 불안한 것이다. 대표적인 서비스 산업인 백화점 업계는 현장으로 권한위임을 많이 하고 있다. 고객 불만에 대해 현장에서 즉시 해결할 수 있게 일정 수준 이상의 현장결재권을 주고 있다. 만약 경영자가 현장을 믿지 못하고 이런 현장결재권을 준다면 경영은 매우 혼란스러울 것이 뻔하다.

 공직에 나아가 정직과 나라를 위한 헌신적인 신뢰를 쌓았던 장군은 그가 함께했던 병사와도 믿음을 쌓았고 그 믿음은 전투에서 승리할 수 있는 원동력이 되었다. 믿음은 하늘에서 갑자기 떨어지는 것이 절대 아니다. 믿음은 지속적인 관계 속에서 서서히 만들어진다. 이러한 믿음은 사람들의 가슴과 마음을 열게 하며 사람들을 활기차게 움직이게 만드는 에너지원이다. 또한 신뢰는 내가 속한 공동체를 하나로 만들어 주는 역할을 한다. 조직 속에서 신뢰는 마치 우리 몸의 피와 같고 공기 중의 산소와 같은 역할을 하게 된다. 피가 모자라고 산소가 모자란다면 우리는 더 이상 살수 없듯이 신뢰가 부족하면 조직은 더 이상 존재하기 어려운 것이다.

또한 신뢰에는 버퍼라는 일정 공간이 필요하다. 이 버퍼는 실수나 실패를 용납할 수 있는 공간이고 오해를 이해할 수 있는 여유의 공간이다. 믿음이라는 핵심을 싸고 있는 여유 공간인 셈이다. 부하직원의 작은 실수와 실패를 인정해 주고, 다시 용기를 줄 수 있는 여유가 버퍼다. 많은 성공은 실수와 실패로부터 얻어지는 것이다. 우리가 잘 알고 있는 에디슨의 전구 발명도 수백 번의 실패로부터 얻어진 결과다. 에디슨의 수백 번의 실패를 스스로 인정하지 아니했다면 전구의 발명은 없었을 것이다. 미국의 전설적인 야구선수인 베이브 루스가 통산 714개의 홈런을 치기 위해 1330개의 삼진아웃을 당한 것을 우리는 기억해야 한다. 실패로부터 성공으로 향하는 길이 있기 때문이다.

 옥포 해전을 끝낸 후 임금에게 보내는 장계에 이렇게 적혀있다.

"신이 이번 싸움 길에 연안을 두루 살펴보니 지나치는 산골마다 피난민들이 모여 신의 배를 보고 울부짖었습니다. 늙은이와 아이가 짐을 지고 서로 부축하며 흐느껴 울고 부르짖었습니다. 비참하고 불쌍하여 배에 싣고 가고 싶었습니다. 그러나 그 숫자가 너무 많을 뿐 아니라 싸우는 배에 사람을 가득 태우면 움직이지 못할 것이므로 태우지 못했습니다."

이순신은 지혜로웠지만 백성을 사랑하는 마음도 넘쳐나는 위대한 영웅이었던 것이다.

백의종군 길에 이순신은 남도를 돌았다. 이때 온 백성은 이순신을 맞이하면서 그에게 환호를 보내주었다. 위급한 전쟁을 치르기 위해서는 이순신에게는 많은 물자가 급하게 필요했다. 그런 필요한 물자를 백성들의 도움으로 빠른 시일 내에 모을 수가 있었다. 물자를 지원할 뿐 아니라 이순신을 따르는 많은 백성들이 모여 들어 서로 돕겠다고 자청했다. 많은 백성들이 이순신을 믿었고 그를 의지했기 때문이다.

이순신은 백성으로부터 신뢰라는 큰 재산을 쌓았음에 분명하다. 그렇기 때문에 이순신이 있는 곳에는 많은 백성들이 자원하는 마음으로 함께 있었고 전쟁에 필요한 물자를 온 백성이 조달했던 것이다. 그렇다면 이처럼 이순신이 백성들로부터 큰 신뢰를 얻을 수 있었던 근원은 무엇일까? 이순신이 정부를 등에 지고 많은 것을 백성에게 베풀었기 때문인가? 아니다. 정부는 그렇게 백성에게 베풀 여력도 없었고 그런 마음조차 있지 않았다. 이러한 신뢰는 이순신이 평소 백성에게 보여주었던 정직과 배려와 사랑의 마음을 백성들이 잘 알고 있기 때문에 가능한 것이었다. 뿐만 아니라 전쟁의 신으로서 이순신은 백성의 믿음의 대상 그 자체였던 것이다.

이순신이 근무한 병영에서도 그 부하들이 그를 전적으로 신뢰했다. 군율은 엄했지만 인자한 아버지처럼 부하들을 사랑했다. 어려운 부하를 돕는데 앞장을 서고 그들과 함께 지내기를 마다하지 않았다. 이순신이 삼도수군통제사가 되어 부임했을 때도 그는 병사들과 똑같이 식사를 하고 그들과 격이 없이 마음을 트고 지냈다. 이러한 일련의 사랑과 배려가 그에 대한 신뢰를 형성하게 한 것이다.

현대기업이 돈을 버는 데만 신경을 쓰게 되면 점점 고객이 그 기업으로부터 도망을 가지만 기업이 사람 즉, 고객에게 신경을 쓰게 되면 돈은 저절로 따라오게 되어있다. 고객은 민감하기 때문에 돈만을 추구하는 기업은 고객으로부터 의심을 받기 시작하고 따돌림을 당하게 되어 있다. 뿐만 아니라 사람을 외면하기 때문에 기업 내부적으로도 부패하기 시작한다.

과거 미국에서 창업 15년 만에 7대 거대기업이 된 엔론이라는 회사가 있다. 그런데 이 엔론이 분식회계로 거짓말을 하기 시작하더니 결국은 기업의 도덕적 해이가 극에 달하게 되었고 투자자, 금융기관, 고객의 신뢰를 잃고 파산하게 되었다. 고객에 대한 신뢰를 버리고 돈만을 추구한 엔론은 외면을 받은 것이다. 엔론으로 인하여 수 많은 기업이 함께 도산을 하게 되었고 미국경제가 한 동안 침체에 빠지기도 했다. 우리는 엔론사태로부터 신뢰가 기업의 생존에 핵심요소임을 알 수 있게 되었다.

이러한 엔론과 같은 사건도 있지만 고객을 최고로 모시고 최선의 노력을 다하는 기업들은 반드시 고객으로부터 신뢰를 얻어 지속적으로 성공하는 사례도 많다.

얼마 전까지 수하동에 있던 하동관이라는 곰탕집은 3대를 이어온 전통 있는 음식점이다. 진한 곰탕 국물이 일품인 집이다. 지금은 수하동 개발로 인해 외환은행 본점 옆으로 이전했지만 하동관 곰탕 맛은 여전하다. 이처럼 60년간 하동관이 수많은 사람으로부터 사랑을 받아온 것은 곰탕에 담겨져 있는 하동관의 정직함 때문이다. 변함없는 맛과 정성이 담긴 하동관 곰탕은 깍국(깍두기 국물)과 함께 먹으면 제격이다.

하동관의 메뉴는 단출하지만 그 안에 담겨져 있는 변함없는 맛과 정성으로 국민들의 사랑을 받고 있는 믿음의 기업인 것이다. 그렇기 때문에 하동관에서 근무하는 직원들도 십 수 년씩 많게는 몇 십년씩 일을 하고 있어 고객의 믿음 위에 세워진 기업은 내부적으로도 하나가 되어 있음을 알 수 있다.

크지는 않지만 지속적인 고객의 사랑을 받아온 이유는 영리만을 쫓아 기업을 경영하지 않고 고객에 대한 사랑과 맛에 대한 정직함을 잃지 않기 위해 노력했기 때문이다.

이순신도 늘 정직했고 언제나 백성을 향한 마음을 가지고 있었다. 백성의 안녕과 건강을 늘 생각하고 있었기에 백성은 진심으로 이순신을 믿고 따른 것이다. 두 번째 백의종군을 할 때에 이순신에게는 아무것도 없었다. 고질병이 있는 아픈 몸을 이끌고 내려왔지만 백성은 그를 진심으로 기다렸고 "이제는 다시 살 수 있다."라며 이순신을 믿고 따랐다.

전쟁이 길어지면서 백성들의 피해가 매우 심해졌다. 게
다가 전쟁으로 인해 많은 사상자가 났고 특히 전쟁에 적
극적으로 참여하여 목숨을 잃게 되는 장정의 수가 크게 줄게 되었다.
이렇게 줄어든 젊은 병정들을 대신해서 전쟁에 참여하여 공을 세운 것
이 바로 강강술래다.

임진왜란 당시 삼도수군통제사인 이순신이 수병을 거느리고 왜군과
대치하고 있을 때, 왜군에게 해안을 경비하는 우리 군세의 많음을 보
이기 위해서 강강술래를 만들었다. 그리고 왜군이 우리 해안에 상륙하
는 것을 감시하기 위해서 백성들과 함께 지혜를 모아 감시를 했는데
이때 이러한 감시 형태가 정형화되면서 강강술래가 된 것이다. 특히
전지(戰地) 부근의 부녀자들로 하여금 수십 명씩 떼를 지어서 해안지
대 산에 올라가 곳곳에 모닥불을 피워 놓고 둥글게 돌면서 '강강술래'

라는 노래를 부르게 한 데서 비롯되었다.

전쟁을 마친 후에도 전라도 해안 부근의 부녀자들이 당시를 기념하기 위하여, 연례 행사로서 '강강술래' 노래를 부르며 놀던 것이 전라도 일대에 퍼져 전라도 지방 특유의 여성 민속놀이가 되었다.

'강강술래' 라는 말은 한자의 '强羌水越來' 에서 온 것이 아니라, 우리말에서 유래하는 것이다. '강강' 의 '강' 은 원이란 뜻의 전라도 방언이고, '술래' 는 한자어로 된 '巡邏(순라)' 에서 온 말에 주위의 뜻인 '강' 이 둘 겹친 것은 특히 주위에 대한 경계를 강조한 것으로 볼 수 있다. 그리고 '술래' 가 '수월래' 로 들리며, 그렇게 기록되기 쉬운 것은, 진양조(晋陽調)로 길게 뽑을 때 '수월래' 로 들리기 때문이라고 짐작된다. 그러므로 표기는 '강강술래' 라고 하는 것이 옳다.

강강술래의 유래가 가지는 의미는 매우 의미심장한데 이는 바로 이순신과 전라도 백성이 함께 만든 군사작전이자 이순신과 백성의 신뢰관계가 돈독했음을 알 수 있는 근거자료가 된다. 사실 전쟁 중에 이순신을 믿지 못하고 있었다면 남녀노소 할 것 없이 뿔뿔이 흩어져 군과 백성이 함께 하는 다양한 전략을 펼 수 없었을 것이다. 하지만 이순신을 따르던 온 백성이 나와서 산에 올라 불을 지피고 조선의 군사가 매우 많다는 것을 보여주는 군사작전을 감행한 것이다. 이러한 것이 평소 이순신과 백성간의 신뢰가 형성되어 있었고 전쟁 중에도 이러한 신뢰와 믿음의 끈을 놓지 않았다. 이순신의 요청으로 강강술래라는 군무를 만들어 적을 교란시키고 적의 사기를 제압하는 데 있어서 많은 도움이 되었다. 강강술래는 이순신의 나라를 사랑하는 마음과 백성이 이순신을 믿는 믿음이 하나가 된 결정체라고 볼 수 있다. 임진왜란 3대첩의 하나인 행주대첩에서 권율장군은 여인들과 함께 행주치마로 적과 싸우는 신뢰의 전투를 했고 이순신은 여인들과 함께 강강술래로 신뢰의 전투를 했던 것이다.

　서울 을지로 한 모퉁이에 1936년에 창업한 송림제화가 있다. 70여 년이 넘는 세월동안 한국의 명품 수제화를 만드는 기업이다. 그 곳에 가면 한쪽 벽면을 가득 메운 상장, 오래된 매장 인테리어, 냉기를 가시게 하는 난로가 70년 세월의 산증인이다. 세계최초로 7대륙 최고봉 등정과 남·북극 도보탐험에 성공한 전문 산악인 허영호 씨, 김영삼 전 대통령, 조순 전 서울시장, 고 노산 이은상 선생 등 유명인이 송림제화의 단골손님이다.
　대기업 총수나 임원들은 등산을 갈 때 송림제화를 찾는다. 이처럼 송림제화가 세인의 사랑과 신뢰를 받는 것은 수제화로서 맞춤형 신발이라는 점도 있지만 더 큰 이유는 장애인을 위한 끊임없는 사랑 때문이다.
　송림제화도 편하고 값싸고 대량생산하는 대형기업의 영향을 받아 위기를 맞은 적이 있다. 주변에 있는 사람들도 이제는 기계식으로 생산하라고 충고했지만 이덕해 대표는 꿋꿋이 전통 수제화를 고집했다. 이러한 어려움 속에서도 이덕해 대표는 장애인을 위한 맞춤형 수제화를 제작하여 내 몸과 같은 신발을 제작했다. 이러한 노력과 사랑 때문에 장애인 음악인 김병식 씨는 만나는 사람마다 붙잡고 '송림제화 이 사장님께서 신발을 안 만들면 나 같은 장애인은 신을 신발이 없다'고 호소하면서 송림제화의 홍보대사를 자청한다.
　몇 년 전에는 교통사고를 당한 여대생이 송림제화 신발을 신고 다리를 절룩이지 않게 되었다며 감사의 편지를 보내오기도 했다는 것이다. 송림제화의 장애인을 위한 사랑이 더욱더 많은 사람들이 송림제화를 사랑하고 믿게 된 것이다.

이순신도 이처럼 어렵고 힘든 백성들 편에서 고민하고 전쟁을 치르게 하였다. 이러한 그의 사랑이 백성들로 하여금 모함 받아서 서울로 압송 당할 때 그의 앞길에서 모든 백성을 울게 하였고 권율 장군 밑에서 백의종군 할 때에도 달려 나와서 기쁨으로 이순신을 맞이하였던 것이다. 마음 깊숙이 이순신은 백성을 사랑했고 백성도 이순신을 사랑하고 믿고 있었다.

이순신을 최고의 지휘관이라고 말하는 것은 그가 사용했던 다양한 관리기법을 통하여 알 수 있다. 그는 군율의 엄중함과 인간적 따뜻함을 동시에 가지고 있었을 뿐 아니라 적절하게 활용할 수 있는 관리자의 지혜도 가지고 있었다. 군 전체를 일사불란한 통일체로 만들어 적과 싸워야 할 때는 그 누구보다도 엄하게 군율을 적용하였고 군사와 백성이 힘들고 아파할 때는 아버지의 모습으로 다가가 위로하고 사랑으로 보듬어 주었다.

이순신이 공직에 나가는 시기는 조정에서는 당쟁싸움이 끝이 나지 않고 있었을 뿐 아니라 피폐해진 군정과 나태해진 군기가 여기저기에 보였다. 이러한 모습이 난중일기 곳곳에 보이고 있다.

1592년 1월 16일자 일기에는 "동헌에 나가 일을 보는데 관청의 벼슬아치들이 인사를 하러 왔다. 군선을 관리하는 군관과 아전들이 배를 수리하지 않아 곤장으로 다스렸다."라고 썼다. 또한 지역 토병인 박몽세가 이웃집 개에게 피해를 끼쳐 곤장 80대로 다스렸음을 이순신은 적고 있다. 이처럼 이순신은 공무를 보는 일에 있어 군율을 엄히 적용하여 군기를 세우고자 하였다. 장비에 소홀함이 있는 관리들에게는 엄히 문책하고 벌을 주는 일을 쉬지 않았다.

난중일기에 적힌 기록을 보면, 이순신에게 곤장을 맞은 자가 부지기수였고, 목을 베인 자도 무수히 많았다. 이순신은 또한 부하가 잘못을 저지르면 가차없이 엄한 군율을 적용했고, 엄격한 군율 적용을 위해 부하의 잘못을 상부에 빠짐없이 보고했다. 이는 자신의 문제를 인정하는 것이기에 보통 사람들은 하지 못하는 일인데도 이순신은 그런 부류와 달랐다. 그에게 가장 중요한 것은 군기 확립과 전투력 확보였을 뿐이다. 특히 전투에 들어가 공격명령에 후퇴를 하거나 머뭇거리는 부하들에게는 추상과 같은 서릿발로 공격을 명령하였다. 이러한 이순신의 군율의 엄중함은 부하들로 하여금 전투에 들어가 사력을 다해 싸우게 하는 힘이 된 것이다.

그러나 이순신이 그러한 군율의 엄격함만을 가진 분은 아니었다. 군기를 세우기 위해 도망한 병사를 참했지만 그의 가족은 따뜻하게 돌봤다. 자신의 처소로 찾아온 병사의 이야기를 듣고 입고 있던 자신의 옷도 벗어주었다.

1592년 7월에 있었던 견내량 해전에서는 왜적의 군선을 그대로 살려 보내게 했는데 이는 왜적선을 끝까지 밀어붙이면 육지로 상륙하여 백성을 유린하고 죽일까 염려하여 도망갈 수 있는 길을 열어준 것이다. 이순신에게는 백성을 향한 자상함이 있다.

이순신이 보여준 군율의 엄격함과 부모와 같은 자상함은 현대 경영에서도 활용되는 관리방법이다. 부하들이 전투에 나아가 최선을 다해 싸우고 승리하기 위해서는 군율의 엄격함을 보여줌으로써 적극적으로 행동하게 하는 것과 인간적이고 자상한 모습을 함께 보여줌으로써 믿고 신뢰할 수 있는 두 가지 요소를 모두 보여주어야 한다. 이러한 이순신의 엄격과 자상의 두 가지 모습이 부하들이 이순신을 신뢰하게 만드는 것이다. 부하들을 대하는 이순신을 보면 위대한 지도력이 원천이 엄격과 자상함이 아닌가 생각한다.

평소의 부하들에겐 더없이 따뜻한 부모 같았고 전투 중에는 후퇴하는 부하에겐 가차 없이 엄한 벌을 내리고 혁혁한 공을 세운 부하에겐 그 공을 치하하고 상을 내려서 함께 결과를 공유하는 것이 이순신의 신뢰 리더십인 것이다. 일관되게 '자상함'으로만 군을 통솔할 수 없을뿐더러 엄격한 군율로만 부하를 다스릴 수 없음을 이순신은 누구보다 잘 알고 있었던 것 같다. 맺고 끊는 것을 확실하게 보여줄 때 많은 부하들은 그를 믿고 따랐다.

이러한 이순신의 엄격과 자상의 관리기법은 이순신의 어머니 초계 변씨에게서 영향을 많이 받았는데 어머니는 이순신을 사랑하면서도 매우 엄격하게 가정교육을 하여, 어린 시절 이순신의 성품이 형성하는 데 큰 역할을 했다. 이런 사랑과 엄격한 교육을 받은 이순신의 모습이 부하를 다스릴 때도 전쟁을 치를 때도 그대로 나타난다.

이순신은 1591년 전라좌수사로 부임하고 이듬해에 임진왜란이 발생하자 당시 휘하의 군관으로 있던 정대수가 홀어머니를 극진히 모시는 효자임을 알고는 정대수의 집으로 어머니를 모셔왔다고 한다.

난중일기를 보면 이순신이 가졌던 어머니에 대한 애틋함이 있는데 1594년 1월 1일 난중일기에는 "비가 퍼붓듯이 내리는데 어머님을 모시고 같이 한 살을 더하게 되니 이것은 난리 중에 다행한 일이다."라고 술회했다.

그해 1월 12일 일기에는 '아침을 먹은 뒤에 어머님께 하직을 고하니, 또 다시 "잘 가거라. 나라의 치욕을 크게 씻어라." 라고 두 번 세 번 거듭 타이르며 이별을 조금도 슬퍼하지 않으셨다.' 라고 적고 있다. 이러한 모습을 보면 이순신의 어머니는 강직한 분으로서 이순신의 강직한 성격을 형성하는 데 지대한 영향을 미쳤음을 알 수 있다. 아는 바와 같이 이순신은 세 번의 파직을 당하고 두 번의 백의종군을 하게 되는데 범인으로서는 상상하기 힘든 결정이고 행동이었다. 그럼에도 불구하고 이순신은 목숨을 바쳐서 나라를 구하는 충성을 보여주는데 이러한 나라를 향한 마음은 바로 어머니로부터 받은 것이다. 어머니가 아들을 크게 신뢰하는 것처럼 아들인 이순신은 나라를 위한 신뢰 즉, 충성을 다한 것이다.

1700년 초에 미국에서 태어나 프린스턴 대학의 총장을 역임한 조나단 에드워즈(Jonathan Edwards)라는 분이 있다. 조나단 에드워즈 가정은 신앙심도 뛰어날 뿐 아니라 특히 어머니가 사랑과 믿음으로 자식을 양육하였다.

어머니의 영향력을 조사하기 위해 그 가문을 자세히 보니 그의 직계 후손은 현재까지 873명이었는데 그 가운데 대학 총장을 지낸 사람이 12명, 교수 65명, 의사 60명, 성직자 100명, 군인 75명, 저술가 85명, 변호사 100명, 판사 30명, 공무원 80명, 하원의원 3명, 상원의원 2명, 미국 부통령 1명, 그리고 260명이 평범한 가정을 살고 있었다고 한다. 그러나 어린 시절을 함께 보낸 맥스 쥬크라는 친구가 있었다. 이 친구의 가정은 어머니의 영향이 부정적으로 아이들에게 미치게 된 가정으로 비교 연구를 위해 쥬크의 후손들도 추적해 보았다. 그의 후손은 1,292명인데 그 가운데 유아사망 309명, 거지 310명, 불구자 440명, 매춘부 50명, 도둑 60명, 살인자 70명, 별 볼일 없이 산 사람

53명이라는 조사 결과가 나왔다. 한 가정의 어머니의 영향이 이처럼 큰 영향력의 차이를 보여주고 있다. 이순신의 모습은 결코 혼자 만들어진 것이 아니다. 가정으로부터 특히 어머니의 영향을 크게 받은 것이다. 그러기에 나라를 구하고 백성을 구한 성웅 이순신에 앞서 어머니 초계 변씨의 자녀 교육이 더욱 빛나 보이는 것이다.

6 이순신을 신뢰한 사람들

이순신이 고군분투했던 임진왜란은 그리 녹록치 않았다. 조정은 당파로 정신없었고 임금은 갈피를 잡지 못하고 나약했다. 전쟁 중이었나 전쟁에 신경을 쓰는 사람은 많지 않았다. 이러한 정치상황에서 홀로 싸우는 이순신은 더욱 외로웠을 것이다. 그러나 이러한 때에도 이순신을 도운 인물들이 있었는데 그들이 유성룡, 조헌, 정탁 등이었다. 그들은 자기들의 목숨까지 내 놓으면서 이순신을 지원했다.

분명 다수의 반대 앞에서 이순신을 감싸주고 도와주는 용기는 쉽지 않은 것이다. 많은 사람들이 이순신에 대한 이야기를 하기조차 싫어했지만 이들은 이순신을 돕는데 목숨을 담보했다.

유성룡은 이순신을 어렸을 때 건천동 시절부터 잘 아는 사이라고 조선실록에 나와 있다. 징비록에는 "이순신은 어렸을 때 영특하고 활달

하였으며 여러 아이들과 함께 놀 때에도 나무를 깎아서 활과 화살을 만들어 거리에서 놀았는데, 마음에 거슬리는 사람을 만나면 그의 눈을 쏘려고 하였으므로 어른들도 그를 꺼려 감히 그 군문 앞을 막 지나가지 못하였다."라고 하여 이순신의 성품을 적어 놓기도 했다. 이미 유성룡은 이순신에 대해 성품을 알고 그를 선조에게 적극 추천하였던 것이다.

조헌은 과거급제 이후 정주, 파주 등의 교수와 예조좌랑, 공조좌랑 등을 지낸 분으로 임진왜란 때에 의병 700명으로 금산에서 왜적을 맞아 싸우다 장렬하게 전사한 분으로 이순신의 성품을 알고 그를 위하는 직언을 아끼지 않았다.

대한민국에서 레슬링 하면 떠오르는 분이 '박치기왕' 故 김일이다. 그가 영면에 들어간 날에 그의 곁에는 을지병원 이사장인 박준영씨가 있었다. 박 이사장은 고인의 마지막 13년을 함께했던 '인생의 동지'였다.

1994년 1월 박 이사장은 지인에게서 "김 선생이 일본 후쿠오카(福岡)의 요양원에서 외롭게 투병 중"이란 얘기를 들었고 김일을 모시러 일본으로 갔다. "어린 시절 최고의 영웅이 다른 곳도 아닌 일본에서 비참하게 계신다는데 도저히 가만있을 수가 없었어요."라고 박 이사장은 말했다. "'제가 모실 테니 같이 가십시다' 라고 했더니 김일은 처음에는 믿지 못했다. 그러나 박이사장은 재차 설득하였다."

아무 연고도 없고 누구도 돌보려 하지 않던 김일을 박 이사장은 정성껏 모셨다. 병실 하나를 살림방으로 내주었고 당뇨병 고혈압 하지부종 등 각종 병을 무료로 치료했다. 생활비도 보탰고 일본 여행 경비도 지원했다. 많은 비용이 들어갔지만 박 이사장은 오히려 김일에게 많은 것을 배웠다고 했다.

"사나이의 의리란 게 무엇인지 보여 주셨죠. 일제 강점기에 선생님이 키우던 개를 일본 군인이 빼앗으려 하자 차라리 빼앗기느니 주는 게 낫겠다 싶어 기증을 했는데 그 죄책감을 평생 잊지 못하고는 고향에 '개 동상'을 세워 주기도 했어요."라며 그는 김일을 회상했다.

믿음은 엄청난 힘이 있는 것이다. 故김일에게는 그를 믿어주고 힘이 되어준 박준영 이사장 덕분에 빠른 속도로 건강을 회복했고 후배 양성 및 레슬링 재건사업에 활발히 참여했다. 레슬링을 70년대 추억으로 생각할 수 있지만 김일의 레슬링은 온 국민의 희망이었고 자랑이었다. 그의 레슬링은 살아가는 에너지를 대한민국 국민에게 주었다.

이순신도 그를 믿어주었던 사람들 덕분에 조국을 구하는 일을 무사히 마치게 된 것이다. 그의 뒤에는 이렇게 그를 믿어주고 힘을 실어준 사람들이 있었고 이 사람들로 인해 이순신을 힘을 얻게 된 것이다.

기업경영에서 중요한 것은 크게 '일과 사람'으로 나누어 볼 수 있다. 일은 업무에 대한 부분으로 문제해결능력이 근간 역량이 되고 사람에 대한 부분은 관계 즉 인간관계역량이 근간 역량이 된다. 그런데 이 두 가지 역량에 있어 하나의 공통점이 있으니 신뢰에 대한 부분이다.

일에 대한 신뢰는 일의 완성도에 대해 누구나 인정할 정도가 되어야 하고, 인간관계에 대한 신뢰는 그 사람에 대해 성품과 인격을 믿는 것을 의미한다. 성공적인 기업의 CEO들에게 리더가 가져야 할 가장 중요한 자질이 무엇이냐고 묻는다면, 아마 이구동성으로 인간관계의 능력이라고 답한다.

기업가들에게 성공과 실패의 분기점을 가르는 주요인이 무엇이냐고 묻는다면, 역시 인간관계의 기술을 단연 첫째로 꼽는다. 또 최고 수준의 영업사원들과 이야기해 보면, 영업에서 중요한 것은 단순한 제품 지식보다 인간관계에 대한 지식이라는 이야기를 듣는다. 그 외에도 교사, 무역업자, 매장 관리인, 자영업자, 목사, 부모 등에게 물어보라. 대부분 한결같이 우수한 역량을 가진 자와 그렇지 못한 자의 유일한 차이는 바로 인간관계에 있음을 지적할 것이다. 인간관계의 승리자가 결국 인생의 승리자가 된다.

  이순신에게도 일과 사람간의 신뢰가 가장 어려운 문제였을 것이다. 이순신은 일에 대해서는 엄격한 군령을 통해 신뢰를 만들었고 인간관계는 따뜻함을 근간으로 신뢰를 만들어 갔다. 이러한 것은 앞서 설명을 한 바 있다.

  일에 대한 신뢰를 만들기 위해 이순신은 혁신적 리더십을 발휘하였고 솔선수범의 자세로 부하들에게 영향력을 미쳤다. 이러한 그의 신뢰 형성은 실로 어마어마한 에너지로 폭발했다. 이러한 것은 전투에 임해서 불퇴의 정신과 이순신과 함께 한다면 반드시 승리할 수 있다는 필승의 신념으로 이어져갔다. 이순신은 일의 신뢰를 쌓기 위해 훈련에 대해서만큼은 차별을 두지 않았다. 모든 군사와 장수들은 훈련을 마치 실전과 같이 연습하되 모두가 똑같이 훈련에 임했다. 실제 전투처럼 함께 뒹굴었던 장수와 병사들은 실제 전투에 임해서도 물러서지 않는 불굴의 정신으로 적들을 격파해 나갔다.

  하나의 사례로 명량해전을 든다면 명량해전을 승리로 이끌기 위해 이순신은 통제사로 되돌아오자 즉시 신뢰부터 복원했다는 것이다. 칠천량 해전에서 조선수군의 판옥선은 경상우수사 배설이 가지고 도망간 12척이 전부였다. 칠천량 해전의 패배로 조선의 수군은 희망도 잃고 무엇보다도 우리들 간에 있어야 할 신뢰를 잃었다. 이순신은 알고 있었다. 칠천량 해전 6일 만에 삼도수군통제사가 되어야 할 가장 급한 것은 바로 이 신뢰를 회복하는 것이 지금 내가 해야 할 일이라는 것을 알았다.

이순신이 칠천량 해전의 대 패배 후 두 달 만에 명량해전을 승리한 데에는 비결이 담겨있다. 이순신은 언제나 가장 두려운 것은 외부의 적이 아니라 내부에 숨어 있는 잠재된 불신과 패배의식임을 알고 있었다. 이처럼 이순신은 골수에 박힌 뿌리 깊은 패배의식과 의심을 걷어내고 조선의 자긍심을 화려하게 부활시켰다.

또한 이순신은 모든 전투에서 일사불란한 총력전을 전개했다. 총력전은 자중지란을 경계하고, 취약한 부분을 보완하면서 장점을 최대한 살려 나갈 수 있는 유일한 방안이었다. 그리고 개인 하나하나가 희망의 근거임을 재차 강조했다. 그리고 일선에서 육탄전을 벌이고 있는 이름 없는 병졸들 앞에서 장수와 군관 등 책임자가 먼저 몸을 던질 것을 강요했다. 기적은 그것을 믿는 자에게만 일어난다는 말이 있다. 이순신은 이러한 평범한 사실을 진실로 만들었다.

그는 자신의 군사가 확신이 없는 아흔 아홉 사람보다 확신에 찬 한 사람이기를 원했다. 그랬기 때문에 수군은 패배의식을 극복했고 자긍심과 신뢰와 사랑의 길을 닦을 수 있었다. 왜군은 연전연패하자 드디어 조선의 수군과는 싸우지도 말라고 명령이 떨어졌다. 참으로 어처구니 없는 명령이 아닐 수 없었다. 수적 우위에도 불구하고 일찌감치 자신감을 잃어버렸기 때문에 패전하고 또 패전했다. 삼도수군통제사 이순신을 중심으로 믿음 안에서 죽기 살기로 달려드는 조선 수군 앞에 왜군들은 아예 적수가 될 수 없었다.

왜군들은 이순신 부대만 나타나면 전투의지를 상실했다. 이순신의 위대함은 바로 자신의 부하와 병졸들에게 자신감을 살리고 적군에게는 자신감을 잃게 하는 능력이 있었다. 마치 2002년 월드컵처럼 이순신과 함께 하는 모든 부하와 군사들은 승리에 대한 믿음이 있었다. 져보지 않았기 때문에 질 수 없었다. 이순신의 정신이 살아있는 동안 조선 수군은 비록 비전투원이 많거나 숫자가 얼마 되지 않아도 여전히 승리했다. 결국 왜군은 그들 스스로의 자긍심이 사라지면서 패배를 자초했다. 이순신과 함께 연전연승하는 자심감에는 이름 모를 백성들까지도 모두가 하나가 되어 조선을 구해야 한다는 믿음이 있었던 것이다.

님비(NIMBY : Not In My Back Yard) 현상이란 말이 있다.

1987년 3월 뉴욕 근교의 아이슬립이라는 곳에서 쓰레기 처리 방법이 마땅치 않게 되자 배출된 쓰레기 3천 1백 68톤을 바지선에 싣고 받아줄 곳을 찾아 무작정 항해에 나서게 되었다. 미국 남부 6개주를 전전하다가 다시 중남미의 멕시코와 벨리즈 · 바하마까지 장장 6개월 동안 6천 마일을 돌았지만 실패하고 돌아오게 되었다. 이때 'NIMBY' 라는 말이 생겼다. 내가 살고 있는 근처에서는 절대 '혐오시설이 들어올 수 없다.' 라는 이 현상은 상호불신과 집단 개인주의의 극치를 보여주는 것이다.

대표적인 님비현상의 대상으로는 소각장, 쓰레기매립장, 분뇨처리장, 핵쓰레기장의 등의 설치반대가 있다.

신뢰는 약간의 양보와 희생을 전제로 한다. 내 것은 절대 손해 보지 못하고 네 것만 손해를 보라는 식의 신뢰는 형성될 수 없다. 내가 한 발작을 양보했다면 상대방도 한 발짝을 양보함으로써 서로가 함께 사용할 수 있는 공간을 마련해야 가능한 것이다. 화장터를 내가 살고 있는 곳에서 절대 불가하다고 한다면 또 다른 혐오시설은 다른 곳에서 죽을 힘을 다해 반대할 것이다. 그렇다면 누가 화장터를 건립할 것이며 소각장을 만들 것인가? 서로 양보하여 운영하면 되고 신뢰가 회복될 수 있지만 절대 그럴 수 없다하면 해결할 수 있는 여유가 없다.

먹는 음식에 대한 관심이 높아져 가고 있다. 몸에 좋은 음식을 믿고 먹을 수 있으면 하는 것이 사람들의 마음이지만 음식에서 먹지 못할 금속, 플라스틱이 나와 식품에 대한 신뢰가 땅에 떨어진 상태이다. 이러다 보니 식당에서 판매하는 모든 음식물이 어떤 경로를 통해 유통된 식자재를 쓰는 지도 의심스럽고 시중에 파는 음식을 사먹지 못하고 있다. 많은 부모들이 아이들에게 도시락을 싸주기도 하는 시대가 되었다. 이러한 음식물에 대한 불신은 소비자를 식당과 제품 구매로부터 멀어지게 했다. 소비자는 유통되는 음식이나 식자재를 믿을 수밖에 없다. 어떤 방법에 의해 제도되고 판매되고 일일이 검증하지 못하기 때문이다. 그렇기 때문에 믿고 먹을 수밖에 없음에도 불구하고 음식에서 이물질이 나오게 되면 소비자와의 신뢰가 깨지고 그 손실은 제조업체와 유통업체에 그대로 반영된다.

사람들은 브랜드를 참 좋아한다. 같은 값이면 브랜드 제품을 사고 싶다. 브랜드하면 믿을 수 있기에 선호하는 것이다. 브랜드 가치를 높이는 것은 소비자로 하여금 복잡한 신뢰 인증 과정을 단축시켜주는 일이다. 그렇기 때문에 기업들은 많은 비용을 들여 브랜드 이미지를 높이는데 신경을 쓰고 있다. 그러나 이러한 브랜드 이미지가 깨진다면 기업은 큰 상처를 받고 소비자로 외면을 당하게 될 것이다.

2000년 8월에 포드사 차량에 장착된 파이어스톤사 타이어 650만개가 리콜 당했다. 무려 770건이 교통사고로 101명이 사망한 뒤에 리콜 결정을 내린 것이다. 3억 5천만 달러의 손실과 함께 공장은 폐쇄되었다. 결과적으로 파이어스톤사는 몇 년 동안 운영의 어려움을 겪게 되었다. 이미 파이어스톤사는 고객으로부터 신뢰를 잃었기 때문에 시장을 회복하는데 오랜 시간이 필요했다. 파이어스톤사는 운이 좋은 편이다. 적절하게 대응하지 못하고 소비자로부터 신뢰를 완전히 잃게 되어 회사의 망한 경우도 있기 때문이다.

현대 경영에 있어 신뢰는 기업 생존의 가장 핵심이다. 신뢰를 잃으면 회사는 생명력을 잃게 된다. 전쟁에 승리하기 위해서는 이순신은 무엇보다도 승리에 대한 믿음, 그리고 백성과 병사와 장수들의 믿음이 혼연일체가 되어야 한다고 생각했다. 그렇기 때문에 이순신은 때로는 격려와 칭찬을 때로는 엄한 군율을 사용하여 '이순신 군대'를 만든 것이다. 이 군대는 패한 적이 없는 용맹하고 자신감이 넘치는 군대였다. 대장이 진군의 북을 치면 모든 병사들은 환호성을 지르며 적으로 달려가는 용감무쌍한 군대였다.

이순신 군대는 이순신이 구심점이 되어 마치 고슴도치처럼 승리를 향해 하나가 되어 적을 섬멸하였다. 이러한 믿음이 23전 23승이라는 세계 해전사에 유래가 없는 결과를 만들어 낸 것이다.

마지막 노량해전에서도 이순신은 북을 치며 전투를 독려하고 있었다. 어찌 보면 이순신은 마지막 가는 그 모습까지 나라의 안녕을 위해 목숨을 바쳐 나라를 위한 그의 신뢰를 지켰을 지도 모른다. 노량해전의 승리로 조선은 급속도로 평온을 찾기 시작했다. 이순신이라는 큰 별은 떨어졌지만 조선은 평안해지기 시작했다. 마지막 목숨을 바쳐서 마지막 의리와 신의를 지킨 이순신이었다.

deep Blue

이순신의 비전

　　달도 없는 망망한 대해에서 목적지를 찾아 갈 수 있는 단 하나의 이유는 나침반이 있기 때문이다. 나침반은 우리가 갈 수 있는 방향을 알려주는 도구이다. 원양어업을 떠난 배에 있으면 아침에 해가 뜰 때만 방향을 알 수 있을 뿐이지 동서남북을 구별하기가 불가능하다는 것이다. 인생도 마찬가지다. 안개가 짙게 낀 아침처럼 인생도 어디로 가야 할지 모르는 경우가 많다.

　　이러한 때에 인생의 가야할 방향을 잡아주는 것이 있으니 바로 나의 비전인 것이다. 비전이 명확한 사람은 인생의 항로에서 길을 잃지 않고 바른 길로 갈 수 있지만 비전이 없는 사람은 인생 전반을 좌충우돌하며 살아간다.

　　임진왜란 때에 백성에게는 인생의 비전이 전혀 보이지 않았다. 좌절과 절망과 죽음만이 백성들 곁에 있었다. 삶은 비전을 잃었을 때부터 죽음이다. 인디언 보호구역에 있는 인디언들은 미국정부로부터 많은 것을 보장받으며 편안한 삶을 살고 있지만 그 옛날 품고 있었던 꿈이 사라지자 술과 마약에 빠져있는 삶을 살고 있다.

　　이순신은 백성에게 비전을 심어주었다. 부하에게 그리고 군사들에게 비전을 심어주었다. 그들이 전쟁 중에 살아갈 수 있는 방향을 잡아주었다. 사방으로 흩어져 어떻게 살아가야 할 지 모르는 백성에게 빛을 준 것이다.

　　진정한 리더에게는 방향을 제시하고 삶의 빛을 제시하는 그리고 리더에게는 남들은 보지 못하지만 미래의 성공을 오늘날 끌어다 볼 수 있는 능력이 있다. 캄캄한 밤중에 희미한 빛을 보는 것 같은 느낌이 임진왜란을 겪으면서 이순신을 만났던 백성들의 마음에 있었다.

deer

Blue

비전으로 이억기를 감동시키다   1

이억기는 본관이 전주로 1561년에 태어났는데 어려서부터 수영에 능했고 17세에 무과에 급제하여 21세가 되던 해인 1581년에는 6진(6鎭)의 하나로 두만강 하류를 지키는 경흥부사로 임명되었다. 1583년 여진족이 대규모로 공격해오자 기병과 보병 300명을 변복, 적진으로 돌격시켜 여진족과의 전투를 승리로 이끌었다.

임진왜란이 일어나자 이억기는 순천부사를 거쳐 전라우수사로 임명되었고 전라좌수사 이순신, 경상우수사 원균(元均) 등과 합세하여 임란 초기를 제외하고는 임진왜란 주요 해전에 빠짐없이 참가하여 연합함대의 주력으로서 큰 전공을 세웠고, 3도의 모든 수군 장수들이 중도에 교체되는 상황에서도 유일하게 교체되지 않고 무려 6년 동안 전라우수사의 직무를 수행하며 큰 전공을 세운 명장이었다.

1596년에는 휘하의 전선을 이끌고 전라좌·우도 사이를 내왕하면서 진도와 제주도의 전투준비를 돕는 한편, 한산도의 삼도수군통제사 이순신의 본영을 응원하는 등 기동타격군의 구실을 수행했다.

그는 이순신을 충심으로 존경한 사람으로 이순신이 삼도수군통제사가 되었을 때 진심으로 충성을 맹세한 사람이었다. 이억기의 행동을 보면 이순신을 진심으로 존경했고 그의 비전을 함께 읽고 있음을 알 수 있다. 이순신이 모함을 받아 의금부에 압송되었을 때에도 이항복, 김명원 등에게 편지를 보내어 구명을 위해 노력했다.

이억기는 해전에서의 승리가 조선을 구하는 유일한 길이라는 이순신의 뜻을 누구보다도 잘 알고 있는 사람이었고 구국의 비전을 함께 나눈 몇 안 되는 인물이었다. 안타깝게도 이억기는 원균이 삼도수군통제사가 되어 그 만용을 부린 칠천량 해전에서 전사했다. 이억기는 임진왜란을 통해 구국의 열정을 가진 용장으로 이순신과 함께 최고의 전공을 세운 사람이었다. 조선조정에서도 이억기에게 병조판서가 추증되었을 정도로 임진왜란 때에 세운 공이 크다. 이순신도 칠천량 해전으로 인해 조선수군은 대부분의 전력을 잃었던 것도 큰 아픔이었지만 더욱 안타까운 것은 이억기와 같은 용장을 다시 볼 수 없다는 것이다.

조직의 리더는 다 쓰러져 희망이 없는 상황에서도 새로운 비전을 만들어 구성원에게 제시해야 하는 의무가 있는데, 제임스 버크 존슨앤존슨社 회장의 타이레놀 사건에서의 비전리더십은 이러한 면에서 의미가 있다.

존슨앤존스사의 타이레놀 사건은 1982년 시카고 근교에서 타이레놀을 복용한 7명의 주민들이 잇달아 급사하면서 시작되었는데 사고원인은 시안화물(청산가리)이라는 독극물이 캡슐형 타이레놀에 투입돼 발생한 것임이 밝혀졌다. 문제는 누가, 언제 이런 짓을 했는지, 시중에 유통되고 있는 얼마만큼의 타이레놀에 이런 독극물이 투입되었는지, 또 누구의 책임인지를 신속히 밝혀내는 것이었다.

타이레놀 캡슐은 흔적이 없게 쉽게 뜯거나 봉합이 가능했고, 생산 공장에서부터 소비자들에게 이르는 도중에 어디서나 쉽게 독극물의 투입이 가능한 것으로 조사되었기 때문이었다. 따라서 누구의 책임인지 쉽게 밝힐 수가 없었다.

존슨앤존슨사의 제임스 버크 회장은 신속하게 9만여 병의 타이레놀 전량을 수거하여 폐기처분 하였지만 시장점유율이 80%가 떨어져 회사는 절대위기에 처해졌다. 제임스 버크 회장은 "우리는 당시 소비자를 보호할 수 있는 모든 것을 해야 한다고 생각하고 모든 방법을 취해야 한다."라고 말했다. 하지만 회사가 회생할 수 있는지는 알 수 없었다. 그러나 존슨앤존슨사의 제임스 버크회장은 정직한 방법으로 문제를 해결하려 했고 반드시 소비자가 우리를 저버리지 않을 것이라는 믿음과 비전이 있었다.

제임스 버크 회장은 비전을 만들어 직원에게 심어주었다. 이러한 그와 전 직원의 노력으로 존슨앤존슨은 소비자로부터 다시 신임을 얻게 되었고 독극물 사건 이전보다 더 많은 사랑을 받고 더 많은 매출을 올리게 되었다.

이순신도 원균이 칠천량 해전에서 우리 수군의 대부분을 잃어 희망이라곤 눈곱만큼도 없는 그곳에서 다시 시작했고 분명히 '왜적을 싸워 이겨 나라를 구할 수 있다.' 라는 확고한 비전을 만들어 부하들에게 심어주었다. 전라우수사였던 이억기도 이러한 이순신의 비전을 함께 바라보고 목숨을 던진 사람이었다. 리더는 역경 중에도 비전을 만들어 모든 조직원이 함께 바라보는 방향을 제시함으로써 그 역경을 넘어갈 수 있는 힘을 주어야 한다.

임진왜란을 겪는 중인 1593년과 1954년에 이르는 2년 동안에는 전쟁은 소강상태로 들어갔지만 조선에는 큰 흉년이 들었다. 전쟁으로 인해 먹을 음식이 없어 민심이 흉흉한 가운데 흉년은 백성들에게 가혹하기 짝이 없었다.

경상도의 여러 고을에서는 군량이 이미 바닥이 나서 군사를 모집한들 먹일 군량이 없었다. 난중일기 1594년 1월 19일자에는 "영남지방의 여러 배에서 격군과 사부들이 거의 굶어 죽게 되었다는 소식을 참혹하여 더 들을 수가 없었다"라고 전하고 있다. 이러한 전쟁 중의 삶을 보면서 이순신은 무엇을 생각하고 있었을까? 이미 저렇게 많은 사람들이 자기의 목숨을 포기하고 미래를 포기하고 나라를 포기하고 있는 상태에서 무슨 희망이 백성과 군사들에게 있을까라고 생각이 들었을 것이다.

징비록에는 부자지간에 서로 잡아먹고 부부가 서로 잡아먹고 뼈다
귀를 밖에 버렸다고 기록하고 있다. 이런 상태에서 이순신은 어떤 희
망을 품고 있었을까? 도대체 무슨 힘이 그에게 남아 해전을 하고 나
라를 구할 생각을 하고 있었을까?

그러나 모든 사람들이 죽음과 절망을 느끼고 있었을 때 그럼에도 불
구하고 이순신은 거기에서 희망과 비전을 보고 있었다. 그것은 조선
에서 온갖 잔혹한 행동을 하고 있는 왜적을 보고 생기는 오기의 비전
이었다. 이 조선을 유린한 왜적을 반드시 치고 물리치고 나라를 구하
겠다는 오기였다. 이러한 오기의 비전을 달성하기 위해서 이순신은
나를 모함하는 자들을, 나를 미워하는 임금을 용서할 시간조차 사치
였다.

수많은 백성과 수많은 군사들의 신음소리가 이순신에게는 구국의
힘이 되고 태평성대를 통해 아름다운 삶을 살아가는 백성을 꿈꾸는
힘이 되었다. 남들이 느끼지 못하는, 남들이 생각하지 못하는 먼 미래
를 당겨서 이순신은 꿈을 꾸고 있었던 것이다. 그러기에 이순신은 사
력을 다해서 이 황량한 바닷가에서 미래를 준비하고 있는 것이다.

이순신에게 1593년과 1594년은 더욱더 힘든 한해가 되었다. 엎친
데 덮친 격이었다. 하늘은 조선을 살만한 곳이 못되게 만들 작정이었
나 보다. 전쟁의 화마를 앓고 있는 조선에게 1593년과 1594년 두해에
엄청난 흉년이 들었다. 그렇기 때문에 누구든지 살기 싫은 날들이었
다. 그나마 남아 있던 백성의 작은 희망과 비전마저도 송두리째 앗아
간 것이다. 그러나 이순신은 이렇게까지 죽음이 스쳐가는 곳에서 새
로운 비전을 보게 되었다. 개인의 비전 뿐만 아니라 반드시 승리하여
나라를 구하고 새로운 시대를 만들어야 하겠다는 백성 모두의 비전을
보게 되었다. 오기였다. 어려울수록 생기는 오기의 비전이되었다.

　1940년 5월 윈스톤 처칠은 영국의 수상이 되었다. 제2차 세계대전이 한창 벌어지고 있는 때였다. 누구라도 그러한 어려운 시절에 한 나라를 이끌어 갈 수상이 되었다면 힘들고 좌절할 수밖에 없었을 것이다. 그러나 그는 수상취임연설에서 "나는 이 정부에 참여한 장관들에게 이야기 했던대로 의회 여러분들에게 다시 말합니다. 나는 피, 수고, 눈물, 그리고 땀밖에는 달리 드릴 것이 없습니다. 우리는 가장 심각한 시련을 앞두고 있습니다. 우리는 길고 긴 투쟁과 고통의 세월들을 앞두고 있습니다. 여러분들은 묻습니다. (중략) 우리의 목표는 무엇입니까? 나는 한마디로 답할 수 있습니다. 그것은 승리입니다. 승리, 어떤 대가를 지불하더라도 어떤 폭력을 무릅쓰고라도 승리, 거기에 이르는 길이 아무리 길고 험해도 승리, 승리 없이는 생존도 없기 때문에 오직 승리뿐입니다."라고 최선을 다해 영국을 위해 노력하겠음을 온 국민에게 힘주어 말했다.

　처칠의 이 한마디가 영국 국민의 가슴에 전쟁에 대한 승리의 확신과 행복한 미래에 대한 비전을 심어주었다. 바닥이라고 생각하는 그 시점에서 다시 시작할 수 있는 힘과 용기를 모든 국민에게 줄 수 있었던 처칠은 비전 전도사였다.

3 | 백의종군 중에도 비전을 만들다

정유재란 때 다 쓰러져 가는 조선 수군을 바라보며 권율은 백의종군하는 이순신에게 "이제 어떻게 했으면 좋겠는가?"라고 물었다. 이 때 이순신은 "제가 연해안 지방을 돌고 와서, 듣고 보고 한 뒤에 결정을 하겠습니다."라고 했다. 이순신은 백의종군하는 불우한 처지에 불평불만을 늘어놓고 있지는 않았다.

이순신은 직접 남해안을 돌아본 뒤에 방책을 강구하기로 하고 9명의 군관과 함께 그 날로 떠났다. 비가 오는 날에도 행군을 하고 민정을 살피고 마음을 다 잡아 가고 있었지만 남해안을 도는 이순신의 마음이 어떠했을까? 그를 만나러 나온 피난민들은 울음으로 이순신을 만나고 도망간 군졸들도 이순신을 만나 통곡을 터뜨렸다.

남도 20여 일의 순례를 하면서 이순신도 충격과 노독에 병세가 악화

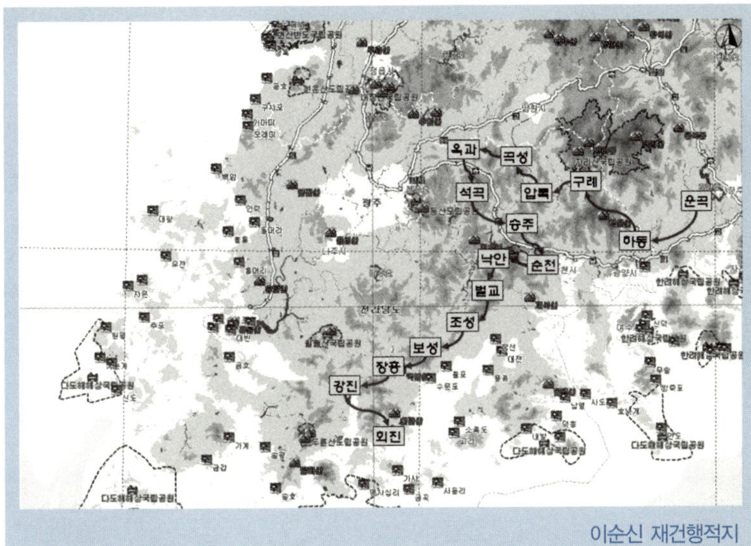

이순신 재건행적지

되어 위험한 지경에 이르렀다. 선조는 삼도수군통제사에 다시 임명하였으나 싸울 전함 하나 변변하게 있지 않았고, 노를 저을 격군도 사부도 없는 허울뿐인 삼도수군통제사였다. 이러한 상황을 보고 이순신도 차마 말을 못하지만 미칠 것 같은 마음이었다. 임금의 삼도수군통제사 임명장에서 표현한 그의 마음도 거의 한탄에 가까웠다.

"짐은 이와 같이 이르노라. 어허, 나라가 의지하여 보장을 받을 것은 수군뿐인데, 하늘이 아직도 화를 거두지 않아…(중략) 그리하여 오늘 이와 같은 패전의 치욕을 당한 것이라. 무슨 할 말이 있으랴. 무슨 할 말이 있으랴. 이제 특별히 그대를 상복을 입은 그대로 기용하는 것이며, 또한 그대를 백의에서 뽑아내어 옛날같이 삼도수군통제사에 임명하노니…"

선조의 교지엔 후회의 빛이 역력했다. 이러한 임명장을 받는 이순신도 참혹하기가 이를 데 없었을 것이다. 누구에게 이 탓을 돌리며 누구에게 책임을 물을 수 있을 것인가? 손바닥 뒤집듯이 자리를 빼앗고 이제는 백의종군하라는 것을 임금은 낯도 두껍게 이야기하고 있는 것이다. 허울뿐인 삼도수군통제사가 지금에 무슨 필요가 있나?

칠천량 해전으로 패한 조선은 여기저기서 시체가 썩고 타는 냄새가 진동하고 있었다. 이제는 왜군은 영산강과 만경강을 통해 곡창지대를 유린하고 서울로 곧장 달려갈 길을 상상하면서 또다시 파죽지세로 조선정복의 길을 만들어갈 계획이었다. 이러한 촉박한 시절에 이순신은 남해안을 돌면서 새로운 비전을 만들고 있었다. 이순신은 왜군을 무찌르고 이 조선에 다시는 발을 붙일 수 없게 만들어 구국의 비전을 만들며 남도 길을 걷고 있었다.

200km 이상의 꼬불꼬불한 길을 다니면서 이순신의 머리에는 단 하나 '구국의 비전'을 만들며 길을 가고 있었다. 조선 수군과 민심을 어떻게 수습할 것인지, 무엇으로 수습할 것인지에 대해 끊임없이 고민하고 있었다.

세상의 어느 누구도 세 번 파면을 당했는데 백의종군을 할 사람은 없을 것이다. 절대 자존심이 이를 용납하지 않을 것이며 원망스러워할 것이다. 하지만 이순신은 그렇지 아니했다. 아니 엄청났다. 함경도에서도 그렇게 백의종군하더니 정유재란 때에도 다시 백의종군을 묵묵히 했다. 도대체 이순신의 마음속엔 어떤 마음이 있었기에 백의종군을 가능하게 했을까? 결코 나라로부터 은택을 입은 것도 아니요 임금의 총애를 받은 것도 아닌데 어찌 그리 태연하게 죽음의 전쟁터로 백의종군하며 갈 수 있을까?

이순신의 백의종군의 남도 20여 일 길은 새로운 힘을 얻으려고 떠나는 길이었다. 흩어져 있던 군사와 병기를 모으는 시간이었지만 이순신의 흩어져 있던 마음도 추스리는 시간이었다. 그리고 절대로 한 놈의 왜놈도 살려서 보낼 수 없다고 다짐하는 시간이었다. 20여 일 동안 이순신은 마음속으로 죽음까지도 마음속에 다짐했을지도 모른다.

빌 게이츠는 세계최고의 부자이다. 마이크로소프트 회장이고 그를 돕는 수많은 부하직원이 있다. 마음만 먹으면 그의 생각까지 읽은 직원을 두고 일을 할 수도 있다. 그럼에도 불구하고 빌 게이츠는 매년 두 차례씩 미국 서북부에 있는 한 별장에 은둔해 마이크로소프트의 장래를 결정할 전략과 아이디어에 대한 연구에 몰두한다. 일주일 남짓한 이 기간엔 마이크로소프트 직원은 물론 가족이 방문하는 것도 거절한 채 홀로 다양한 생각을 정리하는 '생각 주간'(Think Week)을 보낸다는 것이다. 빌 게이츠의 이 생각 주간이 마이크로소프트의 미래를 결정하는 시간이고 비전을 세우는 시간이다.

이순신에게도 이 남도여행의 길이 그의 생각 주간이었을 것이다. 20여 일을 다니면서 마음을 정리하고 전투법을 구상하고 본인의 인생을 구상하였을 것이다. 리더는 비전을 만들어야 할 시간이 필요하다. 아무리 바빠도 비전을 만들지 못할 정도로 바빠서는 안 된다. 리더는 스스로 비전을 만들기 때문에 많은 고민과 번민의 시간이 필요하기 때문이다. 빌 게이츠와 이순신에게 있어서 그 고민의 시간들은 나라와 기업의 생사를 결정하는 중요한 시간이다.

4 | 의사소통을 통하여 비전을 공유하다

이순신의 나이 49세가 되던 해 8월 1일자로 삼도수군통제사가 되었다. 이 날 이순신은 새벽에 꿈을 꾸었다. 큰 대궐에 이르렀는데 모양이 서울과 같았고 기이한 일이 많았다. 영의정이 와서 절을 하기에 이순신도 답례를 했다. 임금께서 피난가신 일에 대해 이야기하다가 눈물을 뿌리며 탄식하고 있는데 적의 형세는 이미 종식되었다고 했다. 서로 실정을 의논하고 있을 때 좌우에 사람들이 무수히 모여드는 것을 보고 꿈을 깼다.

삼도수군통제사가 된 이순신은 충청, 전라, 경상도의 수사들을 지휘 감독할 수 있게 되었다. 이순신은 한산도에 운주당을 짓고 기거하면서 장수는 물론 하급 군사라도 좋은 계책이 있거나 하소연할 일이 있으면 언제라도 찾아오게 하였다. 이 후에도 이순신은 오래 머무르는 곳에는 운주당을 지어 집무소 및 거처로 사용하였다.

그런데 운주당은 많은 병사들이 언제든지 찾아와 장군에게 계책을 이야기하기도 하지만 개인적인 하소연도 풀어주는 곳이었다. 이순신은 급이 낮은 군사에게도 풀어야할 문제와 하소연할 사연이 분명히 있음을 알고 있었다. 현대 조직에 비유하면 다양한 커뮤니케이션 채널을 확보하고 언제든지 대화를 하는 것이다. 이러한 격이 없는 대화는 군사들로 하여금 꿈과 희망을 잃지 않고 최선을 다해서 근무하고 전투할 수 있는 여건을 마련해 준다.

사람은 나를 알아주는 사람에게 목숨을 바친다고 한다. 삼도수군통제사가 군사들의 마음을 헤아려 준다면 반드시 전투에서는 승리를 얻을 것이고 병사들의 목표와 비전은 달성될 것이다. 운주당의 건립과 격이 없는 군사들과의 대화는 타인의 비전까지도 함께 만들어 가는 이순신의 지혜를 엿볼 수 있다.

운주당은 일차적으로는 무예와 병법을 배우기 위해, 둘째는 부하들과 격이 없는 대화를 위해, 마지막으로 집무를 보기 위해서 건립되었다. 이순신의 속 깊은 뜻을 알 것 같다. 이순신은 말단 병졸의 이야기까지 귀담아 들을 수 있어야 한다고 믿고 있었다. 새로운 화포나, 노 젓은 방법에 대해 현장의 이야기를 들을수록 새로운 전법이 나온다고 믿었다.

예나 지금이나 같은 현상을 경험하지만 그것을 해석하는 것은 다 차이가 있다. 해석의 차이가 있음은 '너와 내가 틀리다' 는 것이 아니라 바라보는 관점이 다르다는 것을 인정하는 것이다. 그러므로 개방적인 조직은 다양한 의견이 힘이 되어 생명력이 길어지지만 폐쇄적인 조직은 병 속에 올려놓은 양파처럼 자기 양분을 빨아먹다 쪼글쪼글해지며 자멸하게 된다. 운주당은 다양한 의견을 여과 없이 들을 수 있는 곳이었다. 현대의 많은 기업들 중에 의사소통이 빈약해 조직이 쓰러지는 경우가 종종 있는데 장수하는 기업을 보면 말이 살아 있다는 것을 알수 있다.

　비전은 조직원 모두가 함께 꿈을 꾸는 미래의 목표를 말하는데 이것을 달성하기 위해서는 함께 이를 공유하고 있어야 한다. 공유를 위해서는 무엇보다도 의사소통이 중요하다. 기업이 커뮤니케이션을 중요하게 여기고 이에 대한 교육을 하는 이유는 바로 함께 비전을 만들어가고 비전에 기초하여 조직을 움직이고자 함이다. 이순신 역시 의사소통의 문을 활짝 열어 그의 비전을 함께 하도록 하였다. 리더는 그의 비전을 공유시키는 일을 끊임없이 함으로써 조직이 나아가야 할 방향에 전력을 기울여야 한다.

도요토미 히데요시는 임진왜란이 일어나기 1년 전에 이미 일본 전역에 출병을 선언하였다. 일본이 출병 준비에 박차를 가하고 있을 때 조선에서는 통신사로 서인과 동인의 대표로 홍윤길, 김성일 등을 일본에 보내게 되었다. 일본을 다녀온 두 사신의 보고는 전혀 다른 관점으로 보고 되었다. 황윤길의 보고는 "도요토미의 눈빛이 빛나고 일본이 출병준비를 하고 있어 반드시 전쟁이 날 것입니다."라고 보고를 한 반면, 김성일은 "도요토미의 눈이 쥐와 같고 신은 그러한 징조를 보지 못했습니다."라고 했다.

조선조정은 김성일의 말에 무게를 두고 아무런 대책을 강구하지 않는 채 무사안일에 빠져있었다. 일본은 조선 침공에 28만 명 정도를 준비했고 이 중에 15만여 명은 직접 조선 침공에 나섰다. 또한 일본군의 주력부대인 일본육군은 조총으로 무장하고 있어서 전투의 화력에서 조선수군보다 월등히 앞서고 있었다. 그리고 도요토미가 일본을 통일하기까지 일본 내부적으로는 수많은 전투와 전쟁을 경험했기 때문에 일본 군사들은 전쟁과 전투에는 이골이 나 있었다. 이러한 전력상 상황을 고려한다면 임진왜란 초기의 조선의 패전은 당연한 결과였다.

어쩌면 도요토미 히데요시는 외교적으로 싸움을 하지 않고 조선을 정복하기를 원했을지도 모른다.

전쟁을 통해 정복한다면 일본군 역시 많은 피해를 입게 되어 손해가 크기 때문이다. 그래서 도요토미 히데요시는 막강한 군사력을 자랑하여 조선이 주눅 들어 싸우지 않고 조선을 이기기 위해 통신사의 파견을 적극적으로 조선에 요청했는지도 모른다. 하지만 조선은 이러한 것조차 눈치를 채지 못하고 있었다.

당파싸움에 빠져 국가의 앞날엔 전혀 관심이 없었던 조선은 정명가도의 구실로 침공하는 일본에게 그대로 당할 수밖에 없었다. 조선 정부가 조금이라도 앞날을 내다보는 지혜가 있었다면 임진왜란과 같은 참담한 일에 조금이나마 대비할 수 있었을 것이다. 미래를 보지 못하는 조선 정부는 임금이 피난길에 오르고 온 백성은 유린당하는 임진왜란을 스스로 자초했는지도 모른다.

회계를 작성하는 기준에 '보수주의' 라는 것이 있다. 두 가지 이상의 선택 가능한 회계처리방법이 있는 경우 이익을 가장 낮게 보고하는 방법을 선택하는 회계 관습을 말하는데 위험부담을 최소로 하겠다는 것이다. 이익을 높게 잡는 것 보다 낮게 잡는 것이 안정적이기 때문이다. 조선 조정의 임진왜란에 대한 대비는 회계 보수주의에 입각하여 본다면 정말 어처구니 없는 결정이었다.

당쟁에 따라 동서인의 통신사의 의견이 다르다고 하더라도 국가의 위험부담을 최소화하기 위해서는 조정은 전쟁준비를 했어야 했다. 황윤길이나 김성일의 보고가 맞고 그른 것이 중요한 것이 아니라 정부의 태도가 잘못된 것이다. 조선 백성의 안위와 평안을 위한 일이라면 황윤길의 이야기에 좀 더 많은 관심을 가지고 대비책을 논의했어야 한다.

율곡 이이도 죽기 전에 10만 대군 양병설을 통해 조선정부의 전쟁준비를 해야 한다고 했다. 그러나 조선조정은 어떻게 준비해야 하는지도 모르고 어떻게 처리해야 할지도 모르고 있는 오리무중의 산속에 있는 상태였다. 참으로 안타까운 것은 적은 우리의 턱 밑에서 전쟁을 준비하고 있는데 우리는 붕당이 되어 내부 혼란 속에 빠져 있었다.

논어에는 이런 말이 있다.

"君子之德(군자지덕)은 風(풍)이요, 小人之德(소인지덕)은 草(초)라. 草上之風(초상지풍)이면 草必偃(초필언)이라." 이는 군자가 어떤 영향의 바람을 가지고 있느냐에 따라 풀은 그 영향을 받게 된다라는 것이다.

조선 조정이 백성에게 있어서 군자라고 한다면 조정이 가지고 있는 바람의 영향에 따라 백성들은 영향을 받게 된다. 그러기에 조선조정이 확고한 비전을 세우고 이를 백성에게 영향을 주어야 하는데 여전히 당파로 인해 오리무중에 있었으니 어떻게 긍정적이고 확고한 비전을 백성에게 줄 수 있었겠는가?

6 | 비전 없는 지도자는 백성을 절망에 빠지게 한다

1592년 6월 10일에는 이순신이 2차 출동을 하고 여수로 귀환한 날이다. 그런데 며칠 전에 조정은 임시 수도인 평양성을 선조가 빠져 나간다는 소문이 파다하게 났다. 그 소문에 많은 백성이 도망쳐 도성에는 사람의 자취가 없었다.

선조는 세자인 광해군에게 이 사태를 해결하라고 했고 광해군은 평양성 대동관문으로 나아가 백성들에게 평양성을 지킬 것이니 염려하지 말라고 했다. 이러한 선조의 약속은 6월 10일에 여지없이 깨지고 말았다. 선조가 피난 나가는 길을 백성들이 칼과 몽둥이로 그 길을 막았다.

백성들은 "평양성을 버리고 가시려면 왜 우리들을 속여서 성안으로 들어오게 했습니까? 결국 우리들만 적의 손아귀에 들어가게 되어 아주 몰살당하도록 하는 겁니까?"라고 소리를 질렀다.

유성룡의 중재로 성난 백성은 흩어졌고 유성룡은 다시 임금에게 평양성을 떠나지 말라고 진언했다. 하지만 선조는 평양성를 떠날 것을 확인했고 난을 주동한 세 사람을 효시하여 대동관문에 걸었다. 이것을 본 평양성 사람들은 뿔뿔이 흩어졌다.

6월 11일 선조는 대신들과 함께 평양성을 떠났다. 그리고 선조는 명으로 망명할 것을 결정했다. 선조는 광해군에게 위를 물려주고라도 명으로 망명하기 위해 의주로 길을 재촉했다. 그러나 명은 선조의 망명에 난감해 하면서 망명할 경우 요동의 관전보 빈집에 수용한다는 뜻을 전달했다. 어쩔 수 없이 선조는 의주에 도착한지 4일 만인 6월 26일 명으로의 망명을 포기했다. 명나라의 수치스런 대접에 줏대 없는 선조는 다시 망명을 포기한 것이다. 한 나라의 임금이 이런 모습을 보여 주고 있었으니 참으로 안타까운 일이다.

더군다나 한 나라의 임금이 백성에게 거짓말로 꾸며대고 뒷모습을 보이며 도망가는 모습은 참으로 슬픈 일이다. 선조는 이미 모든 것을 포기한 상태였다. 그는 겉모습만 임금의 행태였지 어느 촌로보다 못한 불안한 심정이었다. 이러한 선조의 모습은 일국의 왕으로서 취해야 할 행동이 전혀 아니었다.

당쟁에 휩싸여 무엇이 중요한지도 깨닫지 못하고 방계 임금이라는 자격지심에 쌓여 군왕의 노릇을 제대로 발휘한 적이 없었다. 전란 중이었지만 임금으로서 백성에게 희망을 심어주고 꿈을 심어 주어야 함에도 불구하고 백성을 버리고 제 목숨 살리기에 급급하였다.

임금이라면 최소한 나라의 비전을 제시하고 백성들로 하여금 함께 힘을 모아 비전을 달성하게 하는 일을 도모해야 함에도 불구하고 선조는 부끄러운 일만 했다. 역사는 선조를 나약하고 당쟁에 휘둘려진 임금으로 평가한다. 임금으로서 선조가 보여준 것은 비전의 부재였

다. 선조는 도망 다니기에 이골이 난 임금이다. 그렇지만 한 나라의
임금이었기에 백성이 그를 지켜보고 있었다.

2002년도에 개봉한 영화 'We were Soldier' 라는 영화가 있다. 멜
깁슨이 주연한 이 영화는 전쟁영화이다. 전통적인 헐리웃 영화수준
정도인 이 영화가 세인들의 주목을 받았던 것은 무어역할을 한 멜 깁
슨이 보여준 참다운 리더의 모습 때문이다.

무어는 전쟁터로 나가면서 승전의 비전을 가지고 있었기에 다양한
민족으로 이뤄진 그의 군대였지만 나라를 위해 최선을 다해 함께 나
가자고 강력하게 말했다. 마지막 연설에서 그는 "내가 제군들은 그 누
구보다 전쟁터에 가장 먼저 발을 들여 놓을 것이며 가장 나중에 그 전
쟁터로부터 나올 것이다. 내가 살아있든 죽어 있든…" 이라고 말했다.
이런 무어의 리더십을 보고 수많은 군사들이 목숨을 던져서 전투에
임하게 되었다.

그러나 선조는 평양성을 야반도주하듯이 백성을 뒤로하고 도망을
했다. 그를 바라보고 있던 백성은 나라를 잃기 전에 주군을 잃었다.
이순신은 사력을 다해 승전의 신념으로 바다에서 왜적과 전투를 하고
있었지만 선조는 명으로 망명을 하기 위해 의주를 향하고 있었다. 비
전을 잃은 백성은 혼비백산하는 것이다. 선조는 백성으로부터 희망과
비전을 빼앗아 명으로 달리고 있었다.

물빛이 수려한 마을이 여수다. 여수는 언제나 아름답고
눈이 시리도록 곱다. 여수는 전라좌수영의 본영이 있던
곳으로 임진왜란 당시 이순신이 많은 시간을 보낸 곳이다. 이순신이
임진왜란이 발발하기 전에 전라좌수사가 되어 이 여수에 올 때 남도
오는 오솔길을 따라 많은 생각을 하고 왔을 것이다. 조선의 미래를 다
시 한 번 생각하고 백성을 어떻게 하면 잘 살게 해줄까를 고민하면서
내려왔을 것이다.

　여수에 가면 이순신의 발자취가 많이 있는데 그 중의 하나가 선소이
다. 선소는 군선을 만들던 곳으로 순천에서 여수로 오다가 보면 석창
네거리가 있고 여기를 우회전하여 가면 여수 시청이 나오고 이곳에서
좌회전해서 바닷가로 가면 이순신시대에 배를 만들던 선소를 보게 된
다. 이 선소에서 거북선을 만들었다고 한다. 선소에서는 전선도 만들

고 화포 시험도 하였다. 선소는 포구 안쪽을 둥글게 담을 쌓아 만든 공간이다.

선소는 이순신이 나대용으로 하여금 거북선과 판옥선을 건조한 곳이다. 선소의 해상입구에는 가덕도와 장도가 천연의 방패를 이루고 있어 외해(外海)에서 보면 선소만(船所灣)이 전혀 보이지 않을 뿐 아니라 바다인지 호수인지 분간하기 어려울 정도로 해면이 조용한 전략적인 중요한 위치로써 이곳 선소에 들어서면 누구나 수군요새임을 느낄 수 있다. 선소의 중심부에는 직경 40m(면적 1.338㎡) 정도의 굴강(屈江 : 거북선을 건조하고 수선한 곳)이 있는데, 이는 선박의 대피소로 쓰던 곳이 있다.

이순신은 이 선소에 수도 없이 나와서 거북선 만드는 모습을 지켜보고 있었을 것이다. 밤이 되면 달빛에 거북선을 보면서 구국의 다짐을 하고 있었을 것이다. 조선의 미래가 여기 선소에서 시작하고 있음을 이순신은 알고 있었기에 선소는 이순신이 나라 사랑의 출발점이 되었다. 이순신은 선소에서 조선의 어려운 미래를 보고 있었고 불안한 조선의 미래를 스스로 헤쳐 나가야 함을 느끼고 있었을 것이다. 그래서 이순신은 더욱 강하게 거북선을 만들어 거북선이 적군 깊숙이 들어가 적을 교란시키고 전투의 초기에 승기를 잡을 수 있게 했다.

이순신이 선소에 나가 거북선을 보는 늦은 밤이 되면 하늘에는 밝은 별들이 무성하게 달려 이순신을 보고 있었을 것이다. 조국의 수많은 백성이 저 별들처럼 이 왜적으로부터 벗어나 반짝이며 잘 살아야 한다고 생각하고 있었다. 이순신이 선소에 나가면 왠지 모르는 자신감과 구국의 열정이 솟구쳤을 것이다. 선소는 비록 저 바다에 비해 작고 작은 곳이었지만 저 바다를 호령할 자신감과 비전을 느낄 수 있는 곳이었다.

무생물 거북선이었지만 이순신은 거북선을 보며 살아있는 사람을 보듯이 눈을 마주쳤을 것이고 나라를 위해 최선을 다해 싸워달라고 부탁했을 것이다. 이순신은 이 선소에서 암울한 조선의 미래를 헤쳐 조선의 비전을 바라보고 있었다.

피그말리온 효과라는 것이 있다. 그리스신화에 나오는 조각가 피그 말리온의 이름에서 유래한 것으로 조각가였던 피그말리온은 아름다 운 여인상을 조각하고, 그 여인상을 진심으로 사랑하게 되자 여신(女神) 아프로디테는 그의 사랑에 감동하여 여인상에게 생명을 준 것이 다. 이순신은 거북선을 보면서 조각가 피그말리온이 가졌던 느낌을 받았을지 모른다.

거북선을 사랑하고 철저하게 믿었기에 이순신은 거북선에서 조선의 비전을 보았다. 거북선은 이순신의 분신과도 같은 것이었고 전쟁에서 가장 큰 공로를 세운 전선이었다. 벼슬을 하사 한다면 속리산 정2품 소나무에 비할 것이 되지 못한다. 이순신은 거북선과 하나가 되어 마 치 어미처럼 거북선을 사랑하니 거북선은 혁혁한 공을 세우게 되는 것이다. 미생물인 거북선에도 이순신의 사랑을 담으니 최고의 전선이 된 것처럼 누구나 사랑을 받으면 최고의 능력으로 일을 할 것이다.

이순신의 신념

사람은 마음먹은 만큼만 성취할 수 있다. 큰 것을 이루겠다고 마음먹고 노력한 사람에게는 큰 결과가 나오지만 작은 것조차 이룰 수 없다고 생각한 사람에겐 그 조차도 허락되지 않는 것이다. 그렇기 때문에 신념은 성취의 원동력이다.

마음의 움직임 즉 말과 행동은 신념에 따른다. 신념이 사고와 결합된 모든 것에 영향을 주기 때문에 신념이 중요하다. 신념이란 일종의 정신 상태이기에 신념의 상태에 따라 말과 행동 그리고 습관과 운명이 바뀌게 되어 있다.

이순신은 왜군으로부터 승리의 신념이 있었다. 반드시 승리할 수 있다고 믿고 있었다. 그렇기 때문에 승리한 것이다. 이순신은 정직이 반드시 승리한다고 믿었다. 그렇기 때문에 지위고하를 막론하고 엄격하게 공과 사를 구분하였고 나라의 법에 어긋난 일은 하지도 않고 하지 못하게 한 것이다.

신념이 있는 사람은 열정이 있다. 적극적인 신념을 마음속 깊이 다져 자신을 정열적인 사람으로 만들기 때문이다. 그래서 신념은 한 알의 씨앗으로 비유할 수 있다. 비옥한 대지에 뿌려진 한 알의 씨앗은 나중에 싹이 터서 성장하여 꽃을 피우고 열매를 맺는다. 열정이 있기 때문에 가능한 것이다. 한 그루의 사과나무가 성장하여 사과가 열매 맺고 다시 씨앗이 성장하여 수십 알의 씨앗을 만드는 것처럼 신념은 새로운 신념을 낳고 그것이 반복이 계속 되어 남을 변화시키는 것이다. 이순신에게는 그 신념과 열정이 있었다.

Voriolet

강한 **믿음**이 승리로 이끌었다 | **1**

이순신은 누구보다도 승리에 대한 신념이 강했다. 이순신의 첫 해전에 임하여 조정에 보내는 장계를 보면 그의 승리에 대한 신념으로 엿볼 수 있다.

"원컨대 한번 죽음으로써 기약하고 즉시 범의 소굴을 바로 두들겨 기운을 쓸어버리고 나라의 부끄러움을 만분의 일 이나마 씻으려 하거니와 성공과 실패, 날래고 둔한 것에 대해서는 신이 미리 헤아릴 바가 아닌가 봅니다."라고 했다. 해전에 임하여 이순신은 진다는 것을 생각조차 하지 않았다. 이러한 이순신의 기개가 23전 23승을 거두는 힘이 된 것은 두말할 나위가 없다.

이순신은 반드시 승리하겠다는 신념이 누구보다도 강했는데 이는 왜적이 부산 앞바다에 나타났을 때 아군의 전선과 군량을 불태우고 도망을 가게 되는 원균이나 성을 버리고 서울로 도망간 경상좌수사

박홍과는 크게 비교가 된다. 이순신의 장계에서 보듯이 승리에 대한 자신감과 이 나라를 왜적으로부터 지켜야 한다는 신념이 있었기에 가능한 일이었다.

전쟁에서 전투력보다 중요한 것은 이긴다는 신념이다. '신념의 마력' 이라는 책에서는 '인생을 변화시키는 마술 같은 공식' 을 신념이라고 했다. 이순신은 신념을 통해 왜적에게 승리할 수 있도록 모든 사람의 생각을 긍정적이고 적극적으로 바꾸었다. 그렇기 때문에 신념에는 사람을 움직이는 힘이 있다.

머리로 아는 지식은 사물을 알게 하는 정보는 있지만 사람을 움직이게 하는 행동의 변화와는 별개이다. 그러나 마음을 움직이는 신념은 사람을 행동으로 옮기게 하고 반드시 꿈을 이루도록 만든다.

월트디즈니가 만든 디즈니랜드에 가면 디즈니가 꿈꿔 왔던 많은 놀이시설과 장난감이 있다. 이것은 디즈니랜드를 찾아오는 모든 사람에게 열려있는 환상적인 놀이시설이다. 이러한 디즈니랜드를 이용하는 모든 사람들은 늘 웃고 있다.

사람들이 디즈니랜드에 가면 반드시 누구든지 웃고 있다. 이처럼 디즈니랜드에 가는 모든 사람들이 즐겁게 웃고 즐길 수 있는 것은 월트디즈니가 생존에 지속적으로 추진했던 '웃는 사회' 를 만들겠다는 신념을 달성하기 위한 신념 때문이다. 또한 월트디즈니의 이러한 신념을 오늘날 직원들이 이어받아 달성하고자 하는 노력의 결과이다.

월트디즈니를 실제로 본 사람은 점점 사라지지만 그가 가졌던 강한 신념은 아직도 살아서 모든 직원에게 감동을 주고 행동의 변화를 일으켜 디즈니랜드에 오는 모든 사람들을 즐겁게 그리고 항상 웃게 만들고 있는 것이다.

난타는 세계적인 비언어(Non-verbal) 공연이다. 1997년 10월10일 호암아트홀에서 첫 발을 내디딘 난타는 우리 전통가락인 사물놀이 리듬을 기반으로 주방에서 일어나는 일을 코믹하게 그린 비언어(Non-verbal) 공연이다. 문화산업이라는 개념도 낯설었던 시대에 송승환 PMC 공동대표는 국경을 초월해 남녀노소 볼 수 있는 문화상품을 지향했다.

99년 한국 공연으로는 처음 에든버러 프린지 페스티벌에 참가해 호평을 받은 난타는 세계 각국에 초청됐고, 마침내 2004년 아시아 공연으로는 처음 뉴욕 오프브로드웨이에 진출했다. 난타의 이러한 성공은 송승환대표의 신념이 만들어 낸 결과이다. 지극히 한국적인 것이 세계적으로 인정받을 수 있음을 믿었던 그는 사재를 털어 공연을 기획하여 지금의 난타를 만든 것이다. 신념 하나로 송승환대표는 세계적인 공연을 만든 것이다. 난타 후속 작품으로 비보이를 선보이고 있는 송승환대표는 한국의 문화를 세계에 알리는 데 앞장서고 있다. 이처럼 신념은 큰 업적을 만들어 낸다.

이순신은 오직 구국의 신념 이외에는 아무것도 없었다. 작은 몸을 바쳐 "조국을 구할 수 있다"라면 이순신은 즉시로 죽어도 여한이 없던 사람이다. 그의 신념이 조선을 구했고 그의 신념이 백성을 구한 것이다. 이처럼 신념은 사람의 목숨과도 바꿀 수 있고, 사람이 살아가는 근본적인 에너지원이 된다.

2 | 애민의 신념이 승전의 원동력이 되었다

이순신은 경상도로부터 전란을 피해 여수로 온 200호의 경상도 백성에게 돌산도에 거처를 마련해 주었다. 거처만 마련해 준 것이 아니라 밭도 갈고 말도 길러 생업을 영위할 수 있도록 도와주었다. 이처럼 피난민을 도와주는 일은 나중에 한산도로 진영을 옮긴 후에도 계속 되었고 정착지를 순천과 흥양 등지로 확대하였다. 뿐만 아니라 문제가 많았던 친족 간 징병 연대책임제도의 불합리한 점을 들어 조정에 폐지를 간청했다. 이처럼 전쟁중에도 이순신은 백성을 사랑하는 실천을 하고 있었다.

이순신에게는 나라의 근간이 백성이라는 신념이 있었다. 그렇기 때문에 임진왜란으로부터 나라를 구한 단순한 장수가 아니라 백성을 위한 목민관이요 구세주였다. 이순신에게는 백성과 나라와 임금이 하나라는 것을 이미 알았다. 그렇기 때문에 백성이 잘 되어야 나라가 잘 살게 되고 임진왜란과 같은 전쟁에서 승리할 수 있음을 알고 있었다.

이렇게 백성을 사랑하는 것은 백성이 꿈을 잃지 않고 살아가야 전쟁에서 이길 수 있다는 것을 알고 있기 때문이다. 전쟁에서의 전투는 백성이 하는 것이기 때문에 백성의 꿈이 살아 있어야 승리할 수 있는 것이다. 백성이 싸워 승리할 수 있다고 신념이 있어야 가능한 것이다.

경상도 사람들의 돌산도 정착은 단순한 삶의 연장이 아니라 전쟁에서 승리해서 행복한 삶을 누려야 하겠다는 백성들의 의지를 세우는 중요한 일이었다. 즉, 이순신의 따뜻한 환대와 정착을 도와준 것은 백성에게 꿈을 심어준 것이었고 다 함께 왜적과 싸워 이기자는 보이지 않는 독전이었다. 이러한 이순신의 신념의 표현은 백성들을 향한 측은지심의 발로였지만 궁극적으로 꿈을 백성에게 심어준 것이었다.

1950년 인도의 콜카타 빈민굴에 테레사 수녀가 들어갔을 때 그곳은 차마 눈을 뜨고 볼 수 없는 처참한 지옥이었다. 굶어 쓰러지고, 병들어 죽어가고, 도둑질과 살인이 백주에 난무하며 창녀가 거리를 누비고 있었다. 그러나 이 자그마한 여인은 자원하여 이곳으로 들어갔다. 먼저 문맹자들을 위하여 학교를 세워 공부를 가르친 결과 7,500명의 어린이를 졸업시켰고, 진료소를 지어 96만 명의 환자를 돌보아 주었으며, 54개의 나병 치료소를 만들어 4만 7,000명의 나병 환자들을 도왔다. 그리고 20개의 고아원을 지어 1,600명의 고아를 기르고, 의지할 곳 없이 죽기를 기다리는 3,400명을 위해 23개의 숙소를 지어 돌보았다.

테레사 수녀의 노력이 쌓여가자 콜카타 빈민가는 희망을 품고 새로운 도시로 변모하기 시작했다. 테레사 수녀가 그들에게 준 것은 많은 식품과 옷이 아니었다. 테레사 수녀가 준 것은 최선을 다해서 아름다운 콜카타를 만들어 가자는 희망의 메시지와 꼭 달성할거라는 희망의 메시지였다. 테레사 수녀에게는 하나의 신념이 있었다. 테레사 수녀에게는 못 배운 사람에게 글을 알게 해주고 가난한 자에게 옷을 입혀주며 그들에게 삶의 터전을 마련하여 주는 것을 그리스도를 대하는 것과 같다는 신념이 있었다. 이런 신념이 있었기에 테레사 수녀는 콜카타 빈민굴에서 살기 시작한 것이다.

　리더는 물질적 부를 만들어 주는 것도 중요하지만 지속적인 성장과 발전을 위해서는 희망과 비전을 심어주어야 한다. 그리고 이러한 희망과 비전은 '반드시 성취된다' 라는 신념에서 나온다. 이런 신념을 모든 사람이 함께 나누어 가질 때 진정으로 반드시 그 꿈은 성취되는 것이다.

단결만이 승리한다 | 3

"지자총통 한 자루의 무게가 150여 근이나 되며 현자총통 한 자루의 무게도 역시 50여 근이나 됩니다. 이렇게 물자가 남김없이 바닥난 지금 관청의 힘으로는 손쉽게 변통하기가 어려울 것입니다. 배를 만드는 일은 거의 끝이 났으나 각종 병기들을 한꺼번에 만들지 못해 참으로 걱정입니다." 이순신의 장계에는 당시의 쇠붙이를 구하는 어려움이 담겨져 있다. 이순신이 전선은 다 만들어 갔으나 철이 부족하여 함선에 장착할 포를 미처 준비하지 못했다.

이순신은 자신의 모든 방법을 동원하였다. 그는 심지어 민간인을 동원해 쇠붙이를 수집하기도 하였다. 다른 장계에서는 "신이 승려들을 모집하여 화주라 하여 권선문(勸善文)을 지어 주어 마을마다 두루 다니며 쇠붙이를 구하여 만분의 일이라도 보충하려 했으나 백성들이 곤궁하고 재정은 파탄이 나서 쉽지 않아 밤낮으로 고민하고 있으나 어찌할 바를 모르겠습니다."라고 적혀 있다.

이순신은 쇠붙이를 모으는 일에 조차도 백성을 생각하는 마음을 담았다. 병사들이 민가에 들이닥쳐 쇠붙이를 달라 강요하면 백성들의 원성을 사게 될 것이고 반발이 될 것임에 분명하다. 하지만 이순신은 백성의 심기를 불편하지 않게 하면서 적극적인 동참과 충성심을 불러일으켰다. 백성들 스스로 전쟁에 참여하지 않지만 물심양면으로 도울 수 있는 길을 만들고 온 백성의 마음이 하나가 되게 하였던 것이다.

쇠붙이 하나를 모으는 일을 보더라도 이순신의 백성을 사랑하는 마음과 함께 고도의 심리전을 사용했음을 알 수 있다. 어찌 보면 심리전은 적에게만 사용하는 것이 아니라 흐트러져 가고 있는 우리 백성을 위해 먼저 사용했어야 했다. 민심을 수습하고 혼연일체가 되어 국난을 극복하기 위해서는 온 백성의 힘이 하나로 뭉쳐야 했고 이순신은 이러한 것을 잘 알고 있었다.

내부에서 하나가 되지 않는다면 분명코 왜군과의 전쟁은 승산이 없음을 이순신은 잘 알고 있었을 것이다. 그러기에 온 백성이 싸움에 스스로 동참할 수 있도록 권선문(勸善文)을 승려에게 주어 쇠붙이를 모으는 작업을 함께 한 것이다. 힘들고 어려운 일이었지만 이순신은 왜적과 싸워 이기기 위해서는 온 백성이 먼저 하나가 되어 대동단결해야 하는 것을 잘 알고 있었다.

나그네의 겉옷을 벗기려 내기를 한 해와 바람의 우화가 있다. 바람이 허리케인처럼 바람을 일으켰지만 나그네는 더욱 꽁꽁 옷을 감싸 안았다. 하지만 해가 뜨거운 햇살을 퍼붓자 나그네는 겉옷을 벗어 어깨에 턱 걸치게 되었다는 것이다. 바람은 뒤늦게 알게 되었다. 나그네의 마음을 열게 한 것은 강한 바람이 아니었다. 나그네의 마음을 열게 한 것은 오히려 따뜻한 햇볕이었다.

　백성의 마음을 사로잡는 것은 칼과 창과 큰 소리 나는 엄한 영(令)이 아니다. 칼과 창을 내세워 백성을 강압하려고 했다면 백성들은 이순신으로부터 점점 멀어져 갔을 것이다. 이러한 강압이 백성의 마음을 아프게 하고 사이를 벌어지게 한다면 한참 전쟁이 어려운 상태에서 백성과의 혼연일체된 모습을 만들 수 없었을 것이다.

　지금은 전쟁 중이다. 백성과 더욱 가깝게 있어야 하고 민심과 함께 있어야 한다. 민심을 떠나서는 결코 전쟁에서 이길 수가 없다. 그렇기 때문에 이순신은 쇠붙이를 모으는 일에 동참해 달라는 부드러운 부탁의 말로서 백성의 마음을 움직이게 한다. 아무리 화포에 쓰일 쇠붙이가 급하다고 백성을 혼내가며 명령을 앞세워 막무가내로 달라고 명할 수 없다. 억지로 법으로 주먹으로 구하다 보면 당장이야 주겠지만 뒤돌아 서서 다시는 마음을 열지 않을 테니 어떻게 전쟁에서 이길 수가 있었겠는가?

4 │ 유비무환이
승전의 원동력이라고 믿었다

이순신은 전쟁이 소강상태로 접어든 1593년부터 해전을 다시 준비하고 있었다. 그래서 1년간 판옥선 등 전함을 새로 건조하여 전선이 모두 500여 척이 되게 만들었다. 뿐만 아니라 화약 및 화포 개발에도 전력투구하였다. 이순신의 이러한 노력은 새로운 화총을 만들기까지 하였다. 즉 조총을 보고 개량작업을 벌여 사거리와 정확도가 높은 총을 만들었다. 이렇게 만든 총은 실험을 통하여 그 화력과 정확도를 검증하고 조정에 보고하여 대량 생산토록 하였다. 갑작스런 전쟁의 결과 많은 사람들이 사기를 잃고 힘들어하며 언제 다시 전쟁이 발발할지 모르는 위험한 상황에서 이순신은 다음 전쟁을 치밀하게 준비하고 있었다.

평범한 사람이라면 그러한 전쟁의 뒤에 자포자기하고 낙담할 수도 있었다. 게다가 이순신은 위장병이 만성이 되어 있었고 정신적으로도 매우 힘든 상태였다. 이러한 이순신장군은 다시금 자기를 다스리고 새로운 힘을 불어 넣고 일어났다. 전쟁은 소강상태이지 끝이 난 것이 아니었다. 언제 다시 왜군이 쳐들어올지 불안한 상태가 계속되었지만 전쟁의 준비를 그만두거나 미루지 못하는 상태였다.

이순신은 전쟁을 잘 아는 사람이었다. 지난날 함경도 군관으로 재직 시절 여진과의 전투로부터 얻은 실전경험은 이순신으로 하여금 다음 전쟁을 위한 준비에 게으르지 못하게 하였다. 이미 전쟁의 승패는 그 준비에서 판가름나고 있음을 이순신은 잘 알고 있었다. 제대로 준비된 전쟁은 반드시 승리하지만 사전에 준비하지 못한 전쟁은 이미 지고 만 것이다. 승전에 대한 신념은 바로 치밀한 준비로 더욱 단단해지는 것이다. 모든 사람이 쉬고 있을 때도 이순신은 적을 생각하고 적에 대한 꿈을 꾸고 구국의 신념을 불태우고 있었다.

마이클 델 델컴퓨터 회장은 자기만족을 경영의 최대 적으로 생각한다고 한다. 긴장을 늦추지 않는 기업문화가 델컴퓨터의 문화라고 볼 수 있다. 이순신은 임진왜란을 마치고 나서 지속적으로 군비를 정렬하고 전선을 건조하고 화포를 개발하였다. 잠시 숨 고를 사이도 없이 다음 준비를 했던 것이다. 다른 사람들은 "이 정도면 되었어"라고 만족해 할 때 이순신은 다음을 준비하고 있었다. 이순신의 이런 자세는 그의 공직시절 언제나 같은 모습이었다.

삼성전자 기술총괄사장을 맡고 있는 황창규사장은 스스로를 '반도체 유목민(semiconductor nomad)'이라고 한다. 이는 그가 반도체 거장들과의 만남 이후 만든 그의 모습이다. 그는 한 곳에 안주하지 않고 새로운 영역을 개척해 옮겨가는 유목민처럼 신기술 개발을 위해 부단하게 정진하고 준비하겠다고 결심하고 이를 돌궐의 명장 톤유쿠크의 말을 빌려 이렇게 이야기한다. "성을 쌓고 사는 자는 반드시 망할 것이며 끊임없이 이동하는 자만이 살아남을 것이다."라고 말이다. 반도체 산업은 준비가 철저하지 않으면 언제든지 밀려날 수밖에 없는 초경쟁의 시장이다.

위험은 언제나 준비하지 못해 나약할 때 나타나는 것이다. 유비무환의 자세는 오히려 위험을 비켜가게 한다. 유비무환으로 이순신은 전쟁이 다시 일어날 것 같은 예감을 가지고 있었다. 그러기에 나라를 지킬 수 있는 방법은 오늘 그 준비를 하는 것 이외에는 없었다. 그는 절대 긴장은 늦추지 않았고 이러한 준비가 나라를 구할 것이라는 믿음을 놓은 적이 없었다.

침착하게 **준비**하고 있어야 전쟁에 이긴다 | 5

1592년 4월 13일 해질녘 부산 앞바다에 출몰한 왜군은 4월 14일 부산상륙작전을 벌어졌다. 이순신이 이러한 소식을 들은 것은 4월 15일이었다. 이 날 난중일기에는 "해질 무렵 경상우수사 원균의 통첩에 왜선 90여 척이 와서 부산 앞 절영도에 정박하였다고 하고, 같은 시각에 경상좌수사 박홍의 공문이 왔는데 왜선 350여 척이 이미 부산포 건너편에 도착했다고 했다."라고 적고 있다.

그럼에도 불구하고 이순신은 5월 4일에 비로소 출전하게 되는데 부산 앞바다에 출현한지 20일 지나서 출병한 셈이다. 서울도 5월 2일 서울이 함락되었기에 이미 전쟁은 조선에 많이 불리하게 돌아가고 있었다. 이럴 때 이순신은 무엇을 생각하고 있었을까?

침략사실을 이미 알고 있었으나 바로 출전하지 않은 이순신의 생각은 어떤 의미를 가지고 있을까? 이러한 부분에 대해 많은 사람들이 당시 군대 원칙인 진관제(鎭管制)때문이라고 말한다. 즉 자신의 지역은 자신이 책임지는 군대 철칙이 있었다. 그러나 이러한 진관제 때문에 이순신이 출전을 늦추었다는 것은 설득력이 약하다. 우국충정이 강한 이순신이 그대로 앉아 20일을 보낸 것은 진관제 때문이 아니라는 것이다.

이러한 이순신의 행동은 적에 대한 철저한 정보 수집과 사전 준비를 위한 시간이었다고 해석한다. 즉 적의 움직임과 전술에 대한 정보를 얻고자 출병을 늦추었을 것이다. 이순신이 여진과의 전투에서도 상당한 공과를 세웠을 때에도 이순신은 적의 정보를 바탕으로 전투를 하였다. 평소 전투에 대한 이순신의 철저한 정보력이 큰 역할을 한 것이다.

이순신은 적에 대해 아는 만큼 승리할 수 있음을 알고 있었다. 그리고 남해바다의 자연과 조수에 대한 전문가를 통해 우리 지형과 조수에 대해 더욱 자세하게 정보를 파악하고 있었을 것이다. 이미 이순신은 수백 척의 일본 전선 세력을 보고 어떻게 하면 승전할 수 있을까를 끊임없이 고민하고 있었다.

일본 전선의 특성을 파악하고 어떻게 괴멸할 수 있을 것인가에 대한 책략을 세우고 있었다. 이순신은 적을 알고 나를 알고 지형을 알고 천기를 아는 것이 승전의 핵심이라는 것을 알고 있었다. 4월 13일 이후에 이순신은 적을 섬멸할 다양한 정보를 수집하고 있었다. 이것이 이순신이 가졌던 전쟁에서 이길 수 있는 그의 신념이었다.

반응이라는 말이 있다. 자극에 의해서 일어나는 생존의 본능으로서 방어기제의 일종이다. 근육을 전기 자극하면 먼저 세포막에 흥분이 일어나고, 이어서 수축이 일어나는 것이 일종의 반응이다. 그런데 반응은 생명을 지키는 중요한 수단이지만 성급한 반응은 자칫 잘못하면 죽음으로 몰기도 한다.

이순신이 개전 초기에 빠르게 전투에 임하지 않았다는 점에 대해 사가들은 많은 추측을 하고 있으나 이순신은 분명히 적의 동태와 상황 그리고 전투에서의 움직임을 파악하고 있었을 것이다. 이러한 증거는 이후 해전을 보면 이해할 수 있다. 개전 초기 조선수군과 일본수군이 전면전으로 전투를 했다면 분명히 막대한 손실을 입고 서로 힘들어 했음이 분명하다. 그러나 이순신은 적이 부산포에 상륙하고 육군은 서울을 향해 진격하게 되고 나머지 수군은 해안서 여기저기를 돌아다니며 노략질할 것을 알고 있었다.

이순신은 바로 이때를 이용하여 왜적선을 치는 방법을 고안한 것이다. 자연지형과 조수간만의 상태를 잘 알고 있기에 전면전보다는 훨씬 빠른 속도전을 통해 일본해군을 궤멸하고 있는 것이다.

평생직장이 사라지고 있는 요즘 많은 사람들이 평생 직업을 찾기 위해 많은 노력을 하고 있다. 평생 직업으로 작은 사업을 시작하는 사람들도 있는데 안타깝게도 많은 분들이 성공하지 못하는 경우를 보게 된다. 고향에 계신 부모님께 사업 자금을 내 놓으라고 떼쓰는 자녀들이 있는데 이런 자녀의 대부분이 오래가지 못하고 부모님께 빚까지 떠넘기게 된다. 이런 경우 대부분 사업내용에 대해 제대로 알지 못하고 시작하기 때문이다.

개전 초기 이순신은 무려 20여 일이나 적을 살피고 살폈다. 적들이 사용하는 전법과 군의 배치 그리고 승전할 수 있는 자연과 조수의 흐름을 완벽하게 익혔을 것이다. 그리고 이순신은 1592년 5월 4일 왜적이 부산포에 들어온 지 20일 만에 승전의 신념을 갖고 첫 출전을 하는 것이다.

6 | 공사가 분명해야 성공한다

이순신은 누구보다도 공과 사가 분명한 사람이었다. 작은 일을 하나 보더라도 우리는 이순신의 사람됨을 알 수 있는데 대표적인 본보기가 충남 서산 해미의 병마절도사의 군관으로 좌천되어 갔을 때 남은 녹미를 반납한 것이다. 생계에 필요한 만큼을 사용하고 남은 쌀을 반납한 것은 공과 사를 철저하게 구분하는 그의 신념이었다.

이순신의 공사가 분명한 모습은 이율곡과의 관계에서 볼 수 있다. 이순신과 이율곡과는 19촌 간이었다. 하지만 이율곡이 판서로 있는 동안 그는 이율곡을 만나는 것이 옳지 않다고 생각하고 만나는 것을 꺼려했다. 즉 공과 사를 분명하게 구분하는 그에게 조금이라도 의심받을 일을 할 필요는 없는 것이었다. 한편 동인과 서인의 파벌싸움으로 인해 의금부에 하옥된 정신언과는 9촌간이였다. 옥으로 그를 면회를 갔을 때에 같은 공범자로 몰린 조대중과 이순신 간의 편지 글이 포함되었는데 이를 빼주려는 금부도사들의 말을 그는 거절하였다. 공문서인데 뺄 필요가 없다는 것이다. 참으로 공사에 엄격하였다.

어느 날 이순신의 화살통을 본 병조판서 유진이 이순신에게 화살통이 탐이 나서 달라고 청할 때 "이것을 드리는 것은 어렵지 않지만 이 일로 인해 대감과 제가 더러운 소리를 들을까 두렵습니다."라고 하여 무안을 주며 거절한 경우도 있었다. 이순신은 나라의 것은 나라의 것이기에 함부로 쓰지도 않고 필요한 만큼만 사용했다면 이를 반납하였다. 뿐만 아니라 부당하게 나라에 속한 물건을 달라 하면 공과 사를 구분하지 못하는 그를 지위고하를 막론하고 깨우쳐 주었다.

전라좌수사 성박이 관내의 오동나무를 베어 쓰겠다고 하니 이순신은 절대불가하다고 주장하여 성박이 이를 베지 못하게 하였다. 관내의 오동나무는 나라의 것이지 사사로이 쓸 수 있는 개인의 것이 아니라는 것이다. 이순신은 공과 사의 구별을 본인에게 뿐 아니라 모든 관직에 있는 사람에게도 적용할 것으로 판단하고 늘 이를 강조하였다. 이러한 대원칙에 대한 신념은 지위고하나 남녀노소를 가리지 않고 일정하였다.

공과 사의 구별이라는 말은 서양에서는 잘 쓰지 않는 편이다. 그리고 서양에서는 공이 사의 영역을 침범하는 것을 막기 위해 철저하게 개인의 프라이버시를 존중하는 반면 한국은 사적인 사유로 공적인 영역을 침범하기에 문제가 발생한다. 그래서 유독 한국에서는 공사의 구분에 대해 많은 이야기를 한다. 이는 이미 우리가 공과 사에 대한 구분을 제대로 못하고 있다는 반증이기도 하다.

법인 신용카드로 가족과 먹은 식사대금을 지불하거나 심지어 가구를 구매한 이야기가 가끔 들리는 것이 한국의 현실이다. 공은 공이고 사는 사라는 대원칙이 잘 지켜지지 않는다.

 이순신은 엄격하리만큼 공과 사를 구분하였다. 녹봉으로 받은 쌀이 남는다고 반납한 일은 공과 사를 명확하게 나누는 강직함을 잘 보여주고 있다. 나라의 재산을 어떤 식으로든 개인적으로 사용하는 것을 보지 못했으며 지위고하를 막론하고 이를 저지시켰다. 이순신의 이러한 자세와 신념을 현대를 사는 우리가 부럽게 여긴다.

한산해전에서의 승리에는 학익진이라는 전법이 있었
다. 많은 사람들이 학익진 전법이 이순신이 새롭게 고
안한 것으로 알지만 학익진은 육전의 전법 중의 하나였다. 이러한 전
법을 이순신은 해전에 응용하고 사전에 많은 연습을 하였다.

사실 육지에서 학익진을 사용하는 것과 바다에서 사용하는 것은 커
다란 차이가 있다. 육지의 경우 처음부터 학익진의 형태로 전투를 운
영하기가 쉽지만 바다에서는 넘실거리는 파도로 인해 적을 넓게 포위
하는 것이 쉽지 않다. 더욱이 도망가는 척 하다가 갑자기 돌아서서 적
의 좌우를 화통과 화살로 압박하는 학익진은 고난도의 작전이었다.
이에는 이순신이 아군의 판옥선과 일본전선과의 특성비교와 바다에
대한 정보가 풍부했기 때문에 가능한 작전이었다.

조선 수군의 판옥선은 일본 전선보다 빠르게 회전할 수 있는 장점이

있고 장착된 포가 먼 거리에서 사격할 수 있는 장점을 가지고 있다. 그러므로 조총으로 응사하는 일본전선보다 먼 거리에서 해전을 할 수 있다. 또한 판옥선에는 포가 좌우측면에 5문씩 있어 일본 전선의 2문보다 많은 포를 발사할 수 있었다.

이순신은 이미 해전에서의 판옥선의 장점을 알았고 적은 수로 적선과 싸우기 위해서는 고난도의 학익진 전법이 도움이 되리라고 믿고 있었다. 그러므로 전라좌수사로 부임하여 학익진 전법을 해전에 응용하고 이를 연습한 것이었다.

이순신은 적선을 유효사거리에 몰아넣고 집중 사격했다. 한산해전에서 조선 전선의 피해는 한 척도 없었다. 한 치의 오차도 없는 유효사거리의 계산과 조선 판옥선의 장점을 극도로 살리고 일본 전선의 단점을 적극적으로 파고 든 학익진 전법의 한산해전의 승리는 이순신의 철저한 노력의 결과였다. 견내량의 좁은 바다를 버리고 넓은 바다로 적을 유인하여 침몰시킨 것도 학익진에 필요한 공간을 만들고자 한 이순신의 계산에서 나온 것이다. 이순신에게 구국의 신념이 있었기에 가능한 승리였다.

신념이 강하면 되지 못하는 일이 없다. 학익진은 아무나 쓸 수 있는 전법이 아니었다. 육지에서도 지형과 적을 잘 알아야 쓸 수 있는 전법이었다. 더욱이 바다는 넘실거린다. 정확하게 위치를 잡기도 어려울 뿐 아니라 남해안은 더욱 조류의 영향이 큰 곳이었다. 그러나 이순신은 학익진을 해전에서 활용하기 위해 오래전부터 실전 같은 연습을 하고 있었다.

이순신의 승리에 대한 신념은 학익진을 해전에서 사용하게 했고 한산해전에서 대승을 거두게 되었다. 화포의 유효사거리와 배의 회전각도, 배의 속도, 조수의 흐름 등을 모두 알아야 가능한 최고의 전투였다. 그러기에 한산해전을 세계의 해전사의 한 획을 그은 대단한 전투로 보고 있다.

  우리는 변화하는 것이 두려워 여러 가지 핑계를 대고 산다. "배운 것이 없어요, 해본 적이 없어요, 두려워요" 등등 우리는 수많은 구실을 댈 준비를 늘 하고 산다. 이순신의 함대는 항상 적은 수로 싸웠다. 이순신은 이것을 염두에 두었다. 적은 전선으로 상대방을 제압할 수 있는 방법을 준비한 것이다. 이순신을 핑계나 구실 대신 방법을 찾아 연습하고 있었다.

8 │ 우리 땅은
우리가 지켜야 한다

1592년 9월에 명나라 심유경장군이 일본에게 보내는 편지에는 일본이 왜 군사를 일으켜는지를 묻은 내용이 있다. 이에 고니시 일본 장군은 직접 만나서 이야기 하자고 했고 둘은 평양성에서 만났다. 이 둘의 만남이 조선과 일본의 전쟁에 대해 협상을 위한 것이었다.

조선에게 이 협상의 결과는 충격이요 전쟁의 주체로서 있을 수 없는 일이었다. 조선의 위엄은 심유경이라는 명나라장수에 의해 무참히 짓밟혔다. 중국과 일본은 조선을 협상에서 제외하고 50일의 휴전협정을 맺은 것이다. 징비록에도 선조나 조선의 대신과의 협상은 없는 것으로 나타난다. 도대체 조선에서 벌어진 조선과의 싸움에서 왜 일방적으로 무시당하는 휴전을 명나라와 일본이 하는 것인가? 오늘날의 모습과도 유사한 이 협상에서 참으로 침통한 조선의 모습을 보게 된다.

한산해전에서 패한 일본의 부담감은 고니시로 하여금 휴전에 응하
게 했지만 조선과는 아무런 논의조차 하지 않았다. 후에 휴전협상은
결렬되고 평양성에서 조명연합군과 일본군의 전투가 일어났다.

심유경과 고니시 사이에 벌어진 50일간의 휴전협정은 조선의 조정
이 무엇 하나 제대로 할 수 없음을 단적으로 보여주는 것이었다. 자기
나라에서 전쟁이 벌어지고 백성이 죽어가는 마당에 휴전 협정은 중국
과 일본이 하였다. 참으로 어처구니 없는 상황이 벌어진 것이다. 조정
은 아무런 대안도 없었다. 당연히 그래야 하는 줄로 알고 있었다.

조선 백성이 목숨으로 지켜온 이 나라의 휴전도 자기 마음대로 하
지 못하는 힘없는 민족이었다. 조정에 조선의 전쟁은 조선인에 의해
주체적으로 행해지고 그 중심엔 조선인이 있어야 한다는 신념만 있었
다하더라도 그처럼 황당한 일을 당하지는 않았을 것이다. 참으로 황
망한 일이었다.

1945년 12월에 있었던 모스크바 3국 외상회의에서는 한국의 신탁
통치안에 대해 미국, 영국, 소련이 회의했다. 한국은 객체였지 주체가
되지 못하고 신탁통치를 받게 되었다. 당사국이 제외된 협상이 1592
년에도 일어났는데 350년 후에도 같은 일이 반복되었다. 당시 동인과
서인으로 나뉘어서 당쟁하던 모습이나 광복이후 남북으로 나뉘어 신
탁을 찬성하고 반대하는 모습이나 별반 다를 것이 없어 보인다. 역사
는 늘 되풀이 되는 것인가? 우리의 문제는 우리가 해결해야 하겠다는
결연한 의지가 늘 부족했다.

조동화 시인의 '나 하나 꽃이 되어' 라는 시가 있다.

나 하나 꽃 피어

풀밭이 달라지겠느냐고

말하지 말아라

네가 꽃 피고 나도 꽃 피면

결국 풀밭이 온통

꽃밭이 되는 것 아니겠느냐

나 하나 물들어

산이 달라지겠느냐고도

말하지 말아라

내가 물들고 너도 물들면

결국 온 산이 활활

타오르는 것 아니겠느냐

 주체적으로 살지 못했기 때문에 명나라와 일본에 의해 미국, 영국, 소련에 의해 우리의 의견이 무시된 채 저들의 논리로만 이 나라가 토막 날 뻔 했다. 400년 전에도 겪었고 50년 전에도 반복해서 겪었다. 이제는 이러한 전처를 절대 밟지 말아야 한다.

조선왕조실록은 국보 151호이다. 태조에서 철종에 이르
는 400여 년의 역사를 담고 있는 1,893권 888책의 초
대형 기록물이다. 그러고 보면 우리나라 사람들은 기록을 남기는데
일가견이 있는 민족이다. 지금은 일본인들이 메모 잘하고 기록을 잘
남긴다고 하지만 이 조선왕조실록을 보면 일본인들의 메모습관은 비
길 바가 못 된다.

이순신 역시 난중에 모든 일을 그의 일기에 기록했다. 짧게 글을 썼
지만 거의 하루를 빼놓지 않고 기록으로 남겨 두었다. 이순신에게는
위장병 등 지병이 있었으며 매일 매일 나라 걱정과 백성에 대한 근심
으로 제대로 잠을 이루지 못하고 있었는데 난중일기에도 그런 이순신
의 모습이 나타나고 있다. 이렇게 이순신은 육체뿐 아니라 마음까지
피곤하고 힘들었지만 난중일기가 그의 위로가 되지 않았나 생각해 본

다. 전라좌수사라는 직위는 때로는 어느 누구에게도 말하지 못할 고민과 어려움이 있었을 것이고 아픔이 있었을 것이다. 이러한 고민과 어려움을 그는 매일 밤 붓을 들어서 써 내려가기 시작했다. 하루는 왜 적과의 전투를 쓰기도 하고 하루는 전쟁의 준비를 쓰기도 하고 하루는 가족의 안부를 적기도 했다. 결국 이순신의 일기는 이순신 스스로에게 힘을 주고 그의 마음을 위로하고 있었다. 일기라도 쓰지 않으면 마음에 있던 고통과 역경을 이겨내지 못했을지도 모른다.

매일 전투하면서 매일 백성을 보살피면서 이순신은 일기를 써 내려갔다. 이미 그의 안중에는 당파도 없었고 나약한 왕도 없었다. 매일 밤 구국의 다짐을 일기에 썼을 것이며 조선의 미래를 일기를 쓰면서 만들고 있었다. 난중일기는 단순한 사건의 기록이 아니다. 난중일기는 이순신을 이순신답게 만드는 이순신만의 방책이었다. 이러한 일기를 통해 이순신은 내일을 준비하고 나라의 앞날을 걱정하고 있었다. 난중일기는 무려 2,539일간의 기록이고 삶이고 위로였고 조선의 미래를 담았다. 밤마다 일기를 통하여 힘을 얻었던 이순신은 조선을 지켜나가고 있었다.

1595년 을미년 정월 초하루의 일기를 보면 이순신의 마음을 읽을 수 있다. "촛불을 밝히고 홀로 앉아 국사를 생각하니 나도 모르는 사이에 눈물이 난다. 여든의 병든 어머니를 생각하니 마음이 편치 않아 밤을 새웠다. 새벽에 여러 장수와 각 급 군사들이 와서 새해 인사를 했다. (하략)."

의사소통의 종류에는 여러 가지가 있다. 대중 앞에서 하는 연설도 있고 몇 명이 모여서 업무로 미팅하는 것도 있으며 친구끼리 사소한 이야기를 하는 즐거운 만남도 있다. 그런데 가장 간단하면서도 어려운 의사소통이 있는데 내면의 자신과 함께하는 독백이다. 성공학 책을 보면 대부분 대중 앞에서 스피치를 잘 해야 한다고 주장한다. 그러나 진정으로 우리가 먼저 해야 할 것은 대중 앞에 선 당신의 모습을 보기 전에 내면의 나를 봐야 한다.

이순신은 매일 호롱불 아래서 지필을 꺼내 자신과의 대화를 하고 있었다. 누구에게도 말하지 못하는 이야기를 자신에게 하고 있는 것이다. 신하로서, 자식으로서, 장수로서 다양한 역할에 대한 자기 자신과 이야기하였다. 이러한 독백의 일기는 흔들리는 이순신을 더욱 강한 사람으로 만들었을 것이다. 일기를 쓰며 육체적인 단련이 아니라 마음과 영혼을 단련하게 되었고 더욱 강한 구국의 신념이 되었다.

김구 선생님은 단 한 가지 소원 '대한민국의 독립' 이 그의 신념이었다. 우리에게도 누군가가 당신에게 신념에 대해 물어보면 3초 내로 대답할 수 있는 강한 신념이 있어야 한다. 이순신은 조선을 구하겠다는 단 한 가지 신념이 있었다.

10 장검에 새겨진 이순신의 신념

세 번의 파직은 이순신도 도저히 납득이 가지 못하는 처사였다. 누구보다도 정직하게 공사를 구분하여 업무 처리를 했고, 나라를 위해 목숨을 버려가며 충성을 다했는데 파직은 이순신에게 이해조차 되지 않는 것이다.

이순신 역시 인간적인 아주 평범한 인간이었다. 실록에 따르면 이순신은 지병이던 위장병과 협심증, 역모로 몰려 벌을 받던 중 생긴 각혈증 등 많은 병이 있었다고 한다. 밤마다 심신이 괴로웠음을 난중일기를 통해 알 수 있다. 그럼에도 불구하고 이순신은 새벽 서너시에 일어나 어김없이 병서를 보고 전술을 연구했다. 거북선의 제조도 진두지휘했다. 도대체 이런 이순신에게 어떤 신념이 있었기에 그러한 고통 속에서도 다시 왜적을 향해 활을 쏘고 검을 들게 하였을까? 이러한 그의 마음을 조금이라도 볼 수 있는 것이 이순신의 칼이다.

석자의 칼로 하늘에 맹세하니 산하가 떨고
한 번 휘둘러 쓸어 버리니 피가 강산을 물들인다.
三尺誓天山河動色
一揮掃蕩血染山河

이순신은 오직 하나의 신념 이외에는 없었다. 나라를 구하고 백성을 살리는 것 외에는 그에게 없었던 것이다. 이 신념이 만신창이가 된 그의 몸을 이기고 세 번의 파직을 한 조정과 선조를 이기고 있었다.

이순신은 세 번이나 파직을 당한 사람이다. 이러한 치욕을 당한 사람이라면 어떠한 이유가 되었던 다시 전쟁터에 가고 싶을까? 그럼에도 불구하고 아무런 댓가 없이 이순신은 전쟁터로 나간다. 이순신에게는 그를 파직한 조정대신이나 선조는 이미 의미 없는 사람이었다. 오직 나라를 구하는 그 일에만 매달린 사람이 이순신이었기 때문이다.

Color Bath라는 창의력 기법이 있다. 한 가지에만 몰두하면 엄청난 상상력의 날개가 펴지는 효과가 나타나고 강한 집중력이 생긴다. 예를 들어 '오늘 아침에 출근하면서 붉은 색만 찾아 봐야지' 라고 생각하고 붉은 색을 찾으면 정말 너무나 많은 붉은 색을 내 주변에서 보게 되는 것이다. 누구든지 한 가지에만 몰두하고 집념을 불사르면 그것이 커 보이고 달성할 수 있는 것이다.

'주유소 습격사건' 이라는 영화가 있다. 여기에 출연하는 무대포(유호석 분)는 험상궂은 얼굴 때문에 여학생의 무거운 짐을 들어줘도 강도로 오인 받는 단순무식형의 사람이다. 그런데 이 무대포의 특징은

싸움에서 한 사람만 패는 것으로 유명하다. 상대방 중 한 사람을 노리
고 그 사람만 쫓아가서 패는 것이 무대포이다. 그러므로 누구든지 그
의 곁에 있으려 하지 않는다. 한 가지에 몰두하고 전력으로 노력할 때
우리는 성공할 수 있다.

이순신은 구국의 신념에 몰두해 있었다. 나머지는 관심 밖의 일이었
다. 그렇기 때문에 이순신은 조선을 지키는 일에 성공을 하는 것이다.

"일본군은 얼레빗, 명군은 참빗"이라는 말이 있었다. 이 말은 왜군만이 약탈과 살인을 한 것이 아니라 명군이 조선에 주둔하면서 저지른 만행이 극에 달했음을 간접적으로 표현하는 것이다. 명나라 심유경에 의한 50일 휴전사건도 조선은 통보만 받았다. 이렇게 일본과의 전쟁은 조선에서 벌어지고 있었지만 작전권은 모두 명나라에 있었고 조선은 말 한마디 하지 못하는 처지였다.

이러니 명나라가 저지른 만행이 극에 달해도 조선은 할 말이 없었다. 명나라 병졸의 기강이 해이해지면 해이해질수록 조선 백성의 민폐는 커져만 갔다. 선조실록에도 명나라 군사들이 재산을 탈취하고 부녀자를 겁탈하고 어린아이들까지 강간했다고 기록하고 있음을 보면 참으로 안타까운 현실이었다.

한 때는 전시총사령관인 체찰사 유성룡이 까닭 없이 명나라 주둔지인 개성으로 끌려간 적이 있었다. 이여송이 일본과의 강화노력에 유성룡이 반대하고 있다는 말을 듣고 곤장을 치기 위해서 군사 세 명을 보내 끌고 간 것이다. 유성룡이 반대한다는 것이 허위로 들어나 어이없이 돌아왔지만 조선의 전시총사령관의 체면이 말이 아니었다. 아니 조선의 체면이 말이 아니었다.

이순신이 명의 수군을 처음 접하게 된 것은 1598년이었다. 명나라 군사들에 의해 백성의 민폐가 커지자 이순신은 더 이상 좌시할 수 없었다. 이순신은 군에 명령을 내려 가옥을 허물게 하고 옷과 이부자리를 배로 옮기게 하였다. 이를 이상하게 생각한 명나라 진린(陳璘)도독이 그 이유를 물었다.

이에 이순신은 "우리의 군사와 백성들이 대국 명국의 장수가 온다는 말을 듣고 기뻐했는데 이제 귀국의 군사들이 행패를 부리고 겁탈을 하니 견딜 수가 없어 피하는 것이요. 그러니 나도 함께 배를 타고 다른 곳으로 가려는 것이요."라고 답했다.

이에 놀란 진린 도독의 간청으로 이순신은 남게 되었고 명나라 군사의 잘못을 법규대로 처리할 수 있게 되었다. 이순신은 명나라 군사의 민폐를 더 이상 두고 보지 못했다. 하지만 결코 조선 조정처럼 당하고만 있지 않았다. 이순신이 명나라에 대한 태도는 분명했다. 명나라는 조선에서의 일본과의 전쟁을 도와주는 조력자이지 그 이상이 아니라는 것이다. 더구나 조선에서 백성을 유린하고 민폐를 만드는 것은 용납할 수 없는 것이다. 이것은 이순신에게 내 나라 백성이 우선이였으며 내백성은 내가 지킨다는 신념에서 나온 것이다.

미국산 쇠고기 수입이 전면적으로 개방되었다. 첨예한 부분 중에 하나인 광우병 발병 기준 연령인 생후 30개월 이상의 소도 전면적으로 반입되게 될 전망이다. 강대국의 힘으로 밀어붙이면 우리는 속수무책이다. 이 비슷한 일이 1590년대에 일어났는데 바로 명나라 군사의 조선 백성에 대한 유린이다.

역사는 되풀이된다고 했는데 우리는 여전히 강대국 틈에 끼여 힘든 세월을 보내고 있다. 경제전쟁의 시대에 이순신이 더욱 생각이 나는 것은 이순신의 정직과 신념이 백성과 임금에게 부끄럽지 아니했기에 누구 앞에서든 떳떳했기 때문일 것이다.

부록

이순신과 거북선
이순신과 여수
이순신의 해전
이순신의 생애사

이순신과 거북선

거북선이라는 이름은 조선왕조 〈태종실록〉에 처음 나온다. 태종 13년 2월에 "왕이 임진나루를 지나가다가 거북선과 왜선으로 꾸민 배가 수전연습을 하는 것을 보았다."라는 구절이 있다. 그러나 태종때의 거북선은 평전선만이 있을 때였으므로 임진년의 거북선과는 그 구조가 달랐을 것이다.

1900년대에 들어서자 문명이 개화되고 인쇄 기술이 발달하여 많은 도서를 저술하는 과정에서 이순신의 전공과 애국심이 소개되었고, 일제강점기에는 이순신에 관한 전기와 애국적인 소설들이 많이 쓰여졌는데 이 때 '거북선' 이라는 한글 명칭이 사용되기 시작하였고, '이순신의 거북선' 이라고 하여 왼쪽의 삽화가 널리 쓰였는데, 이는 1795년(정조19년) 왕명으로 유득공(柳得恭)이 감독·편찬한 '이충무공전서(李忠武公全書)' 에 실린 '전라좌수영 귀선' 의 그림을 삽화로 넣었던 것이다.

1945년 광복(제2차 세계대전에서 일본이 항복하여 패전) 후에는 각종 역사 서적과 교과서에 '1795년식 전라좌수영

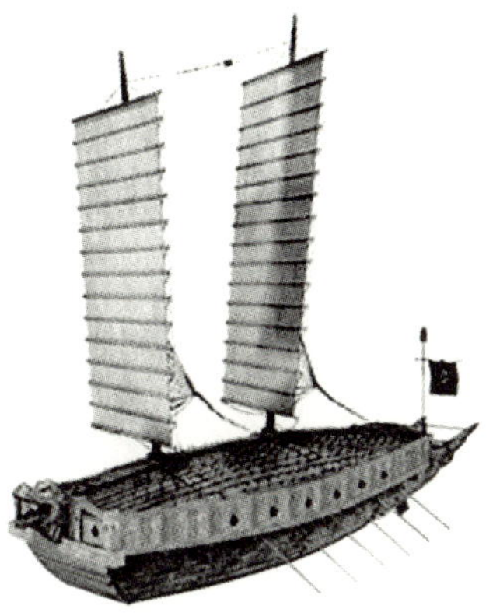

1592년 임란 거북선 복원 모형

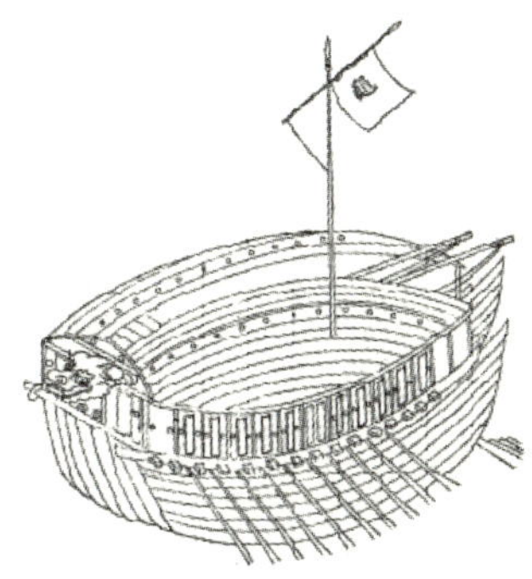

통제영 거북선
〈이충무공전서〉(1795년)에 수록된 거북선으로
용머리가 앞에 붙어 있다.

귀선' 그림이 최초의 철갑선이라는 문구와 더불어 삽화로
쓰이게 되어 더욱 널리 알려지게 되었다.

　임진왜란 때 큰 공을 세운 거북선의 구조에 대한 자세한 설
계도나 치수는 전해오는 것이 없다. 다만 이순신의 〈난중일
기〉와 장계(狀啓 : 지방에 파견된 관원이 서신으로 임금에게
한 보고), 조카인 이분(李芬)의 행장과 몇 가지 단편적인 자
료에서 그 모습을 추정할 수 있다.

　임진왜란이 끝난 지 197년 뒤인 1795년에 편찬된 〈이충무
공전서(李忠武公全書)〉가 있는데, 여기에는 당시에 만들어
진 것으로 보이는 통제영거북선과 전라좌수영 거북선의 45
도 투시도 및 치수가 자세하게 기록되어있으며, 이 기록에
따라 복원한 18C의 거북선이다.

　거북선에 관한 문헌상에 보이기 시작한 것은 조선 초기의
「태종실록」으로서, 1413년(태종 13)에 "왕이 임진강 나루를

지나다가 거북선과 왜선으로 꾸민 배가 해전 연습을 하는 모양을 보았다.”라는 구절이다. 또 1415년(태종 15년)에는 좌대언(左代言) 탁신이 “거북선의 전법이 많은 적에 충돌하더라도 적이 해칠 수 없으니 결승의 양책이라 할 수 있으며, 거듭 정교하게 만들게 하여 전승의 도구로 갖추어야한다.”는 뜻을 상소하고 있다.

  한편 실현은 보지 못하였으나 거북선의 유형에 속하는 배가 따로 구상된 예가 이미 이순신이 용맹을 떨치고 있던 1592년 태자를 호종한 이덕홍은 왕세자에게 올린 상소문에서 귀갑거의 전법과 귀갑선의 이로움을 아뢰고 있다. 그는 귀갑선의 체제를 “등에 창검을 붙이고 뱃머리에는 쇠뇌를 매복 시키고 허리에는 판옥을 지어 사수를 그 속에 두고……”라고 하고 또 “듣건데 호남의 장수들이 이것을 써서 적선을 크게 무찌르고 있다.”라고 언급한 뒤 이듬해 왕에게 올린 상소문에서 귀갑선의 구상도를 첨부하여 그것의 제작을 건의하고 있다.

●●● 1592년식 거북배

  장차 왜적의 침입을 염려하여 따로 전선 크기만 한 배를 만들었는데, 배 위를 둥글게 판자로 덮고 그 위에 창칼을 꽂았다. 적군들이 배에 기어오르거나 뛰어 내리면 그 창칼에 찔려 죽게 된다. 배의 이물에는 용머리를 달고 그 용의 입을 열어 대포알을 쏘았다. 고물에는 거북 꼬리를 달고 대포구멍을 냈다. 배의 포판위 좌우 방패에는 각각 6개의 대포 구멍을

냈다. 거북배에는 돌격장이 타고 함대의 선봉이 되어 나아간
다. 적선이 에워싸고 덮치려 하면 일시에 대포를 놓아 가는
곳마다 적선을 깨고 부수어 임진왜란의 크고 작은 해전에서
크게 공을 세웠다. 모습이 엎드린 거북과 같으므로 '거북배'
라 하였다.

●●● 1795년식 거북배

임진왜란이 끝난 지 197년 뒤인 1795년에 편찬한 「이충무
공전서(李忠武公全書)」가 있는데 여기에는 당시에 만들어진
것으로 보이는 통제영 거북배(統制營龜船)와 전라좌수영 거
북배의 45도 투시도와 거북배의 치수 구조 및 성능에 대한
설명이 자세하게 기록되어 있다.

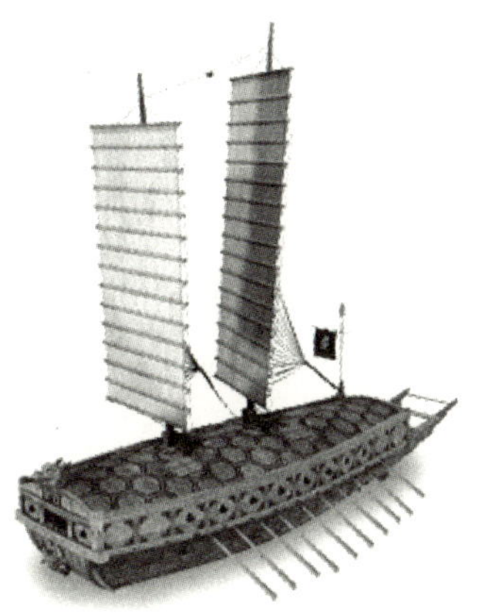

1795년 거북선 복원 모형

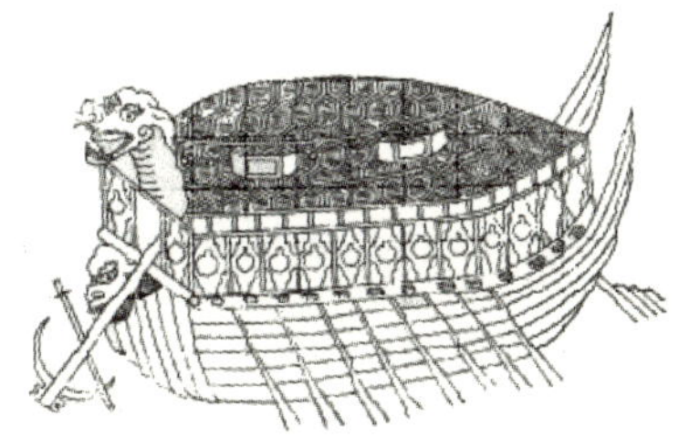

전라 좌수영 거북선
통제영 거북선과 함께 〈이충무공전서〉(1795년)에
수록된 거북선이다.

배 밑은 10족을 이어 붙였는데 길이는 63자 8치(20.2m)이고 머리 쪽(이물) 너비는 12자(3.7m), 허리의 너비는 14자 4치(4.5m), 꼬리쪽(고물) 너비는 10자 6치(3.3m)이다. 좌우 삼판은 각각 7족을 이어 붙였는데 높이는 7자 7치(2.3m)가 된다.

이물비우는 가로 널판으로 4장을 이어 붙였는데 높이는 4자(1.2m)이고, 둘째 판 좌우에 현자 대포구멍을 각각 1개씩 뚫었다. 고물비우는 가로 널판으로 7장을 이어 붙였는데 높이는 7자 5치(2.3m)이고, 위쪽 너비는 14자 5치(4.5m), 아래쪽 너비는 10자 6치(3.3)m이다. 여섯째 판 한가운데에 직경 1자 2치(0.37m)가 되는 구멍을 뚫어 치(?)의 킷 다리를 꽂았다. 좌우 뱃전 밖으로 빠져 나온 멍에 뺄목 위에 신방(도리)을 걸고 신방 머리쪽에 멍에(덕판멍에)를 가로로 걸었는데, 바로 이물(뱃머리) 앞에 닿게 되어 마치 소나 말의 가슴에 멍에를 메인 것 같다.

신방을 따라 가면서 안쪽으로 널판대기(포판)를 깔고 신방 우에 기둥을 언방(건축의 창방)을 걸었는데, 신방에서 언방(패란)까지의 높이는 4자 3치(1.3m)이다. 언방(패란)의 좌우에서 안쪽으로 각각 11장의 널판(덮개판)으로 고기의 비늘처럼 겹쳐서 올려 덮었다. 그 잔등 한 가운데에는 1자 5치(0.47m)의 틈(등골)을 내어 돛대를 세웠다 뉘었다 하기 편하게 하였다. 뱃머리에 거북대가리(용대가리)를 달았는데, 길이는 4자 5치(1.3m), 너비는 3치(0.94m)가 된다. 안에서 유

황과 염초를 불살라 입을 벌려서 마치 안개처럼 연기를 토함
으로써 적을 혼미하게 하였다. 좌우에 노가 각각 10척씩 있
고, 좌우 방패에 각각 22개의 포혈을 뚫었고 12개의 문을 내
었다. 뱃머리의 거북 대가리 위쪽에 2개의 대포구멍을 뚫어
내고, 아래에 2개의 문을 내었다. 문 곁에 각각 1개 씩이 대
포 구멍이 있다.

　거북 잔등판 좌우에 각각 12개의 대포 구멍을 뚫었으며, 거
북 '귀(龜)' 자의 깃대를 꽂았다. 배의 좌우 포판(마루)아래에
방이 각각 12칸이 있는데, 2칸은 철물을 쟁여 두고, 3칸은
대포 활 화살, 창, 검 등을 나누어 재어 놓았으며, 19칸은 병
사들이 휴식하는 곳이다. 배 위 고물의 왼쪽 포판위에 있는
방 1칸은 선장실이고, 오른쪽 포판 위에 있는 방 1칸은 장교
실이다. 군병들이 쉴때는 포판아래 선창의 선실에서 쉬고,
싸울때는 포판위로 올라와 모든 대포 구멍에 대포를 걸어 놓
고 끊임없이 쟁이고 놓아댄다.(영조척1척 = 0.3124m 적용)

이순신과 여수

●●● 송현마을(어머니 거처지)

송현마을은 임진왜란 때 이순신이 아산에 계시던 어머니 변씨와 아내 방씨 등 가족을 한산도에서 백의종군하기까지 5년간 모셔놓고 어머님께 효성을 다하던 곳이다. 임진왜란 이 일어난 뒤에 본가는 부인께 맡기고 77살의 노모(변씨부인)을 아산에서 전라좌수영 근교 古邑川(현 여수시 웅천동 송현부락)에 모셨다. 이곳은 본영에서 20리 남짓하여 노모의 안후를 살피기 쉬운 거리인데다 충무공의 군관으로 있는 정대수장군댁 초당인지라 안심하고 모실 수 있는 곳이었다.

장군의 난중일기 중에서 노모에 관한 기록은 88일분을 남기고 있어 그의 효성을 짐작할 수 있다. 임란 3년째 갑오년 정월에는 노모와 설을 같이 지내며 "어머님을 뫼시고 함께 한 살을 더하게 되니 이는 난리 중에도 다행한 일이다."라고 기록하고 있다. 그리고 모친 생신 때 전쟁 중이라 직접 가 뵙지 못함을 안

송현마을 자당 거주지

타까이 여기고 있음을 기록에 남겼다.

특히 그가 모함에 빠져 투옥된 뒤 노모가 고음천에서 소식을 듣고 선편으로 아산 고향으로 올라오는 도중에 풍랑을 만나 고통 끝에 82살로 숨을 거두었을 때 이 소식을 들은 공의 애달픈 마음, 그러나 금부도사의 재촉에 못 이겨 백의종군 길을 떠나야 했던 공의 심정은 난중일기를 읽는 이의 눈시울을 뜨겁게 한다.

1972년 8월 21일 여수시 공보실에서 변씨 부인이 기거하던 옛집에서 마룻대, 모릿대, 머릿대 그리고 변씨 부인이 직접 사용하였다는 맷돌, 디딜방아용 돌절구, 세살말레문(세살창문), 솥, 용솟 등을 발견하였지만 현재는 대부분 없어졌다.

●●● 충민사

충민사는 마래산(385.2m) 기슭에 위치하고 있는데, 선조 34년(1601) 체찰사 이항복(1556~1618)이 왕명을 받아 임진왜란이 끝난 뒤의 민심을 살펴본 후 통제사 이시언(?~1624)에게 명하여 건립한 것이다. 충민사를 세우자 우부승지 김상용이 임금께 이 사우의 이름을 지어달라고 간청하여 선조가 직접 이름을 짓고 그것을 새긴 현판을 받음으로써 이충무공과 관련된 최초의 사당이 되었는데, 함께 충무공을 기리는 통영의 충열사보다는 62년, 숙종 30년(1704)에 세워진 아산의 현충사보다는 103년 전의 일이다.

충무공 이순신을 여러 사람들 가운데 가장 먼저 제사를 모시는 분으로 하고 의민공 이덕기, 충현공 안홍국이 좌우로

배향(配享 : 주벽을 먼저 지내고 배향은 나중에 제사를 지냄)
되었다. 그 후 숙종 35년 충민공 이봉상을 신묘로 모시고 석
천제를 창설하였으며 영조 8년(1732)에 사우를 중수하였다.

고종 5년(1868) 대원군의 서원 철폐령에 따라 충민단만 남
기고 모두 철거되었으나 고종 10년(1873) 지역 유림들의 진
정으로 건물을 다시 세우고 판서 윤용술이 쓴 충민사 현판을
걸었다. 1919년에 일제에 의해 강제 철거된 후, 1947년 2칸
집으로 명맥을 유지해 오다가 지역 주민의 노력으로 다시 세
워져 1993년 6월 1일 국가 사적 제 381호로 지정되었다.

광복후 1947년 복설 현재는 여수여천 충무공 유적 영구보
존회에서 관장하고 있으나 성역화사업에는 미흡한 점이 있
다. 중건된 사우에는 충무공 이순신을 주벽으로 하고 의민공
이억기, 충현공 안홍국을 배향하고 있다.

●●◦◦ 진남관

여수시 군자동 472번지에 위치한 진남관은 임진왜란이 끝
난 다음 해인 1599년, 충무공 이순신 후임 통제사 겸 전라좌
수사 이시언이 정유재란 때 불타버린 것을 진해루 터에 세운
75칸의 대규모 객사이다.

객사는 성의 가장 중요한 위치에 관아와 나란히 세워지는
중심 건물로, 중앙 정청 내부 북쪽 벽 앞에는 임금을 상징하
는 전패를 모신 함을 두고, 관아의 수령이 초하루와 보름날
마다, 또 나라에 국상과 같은 큰 일이 있을 때 이 전패에 절

하는 '향궐 망배' 의식을 거행함으로써 지방 관리들이 임금을 가까이 모시듯 선정을 베풀 것을 다짐하던 곳이다.

남쪽의 왜구를 진압하여 나라를 평안하게 한다는 의미에서 '鎭南館'이라고 한 이 건물은 1664년 절도사 이도빈이, 1716년 화재로 소실된 것을 1718년 이제면 수사가 다시 지었고, 이후 크고 작은 수리를 거쳐서, 1718년 중창이 오늘날 건물의 뼈대가 되었다.

조선 후기 전라좌수영 내에는 600여 칸으로 구성된 78동(棟)의 건물이 있었다는 기록이 있지만 유일하게 남아있는 진남관은 정면 15칸(54.5m), 측면 5칸(14.0m), 면적 240평의 대형 건물로 합천 해인사에서 팔만대장경을 보관하는 건물과 몇 안 되는 우리 나라 대표적 목조 건축물이다.

직사각형 땅에 2줄로 반듯하게 기단을 쌓고 가장자리는 직사각형 다듬돌로 돌렸으며, 막돌(자연석) 덤벙 초석 위에 민흘림의 원형 기둥 68개를 세웠는데, 막돌 초석에 맞게 기둥 뿌리의 밑둥을 다듬어 기둥을 단단하게 유지시키려는 고급 기술 그랭이 공법을 사용하였다.

진남관의 규모가 장대하여 지붕 쪽에서 내려오는 힘이 너무 크므로 이를 효과적으로 분산시키기 위하여 기둥과 기둥을 가로지는 창방(昌枋)으로 연결하였고, 기둥 위에만 공포를 배치한 주심포 양식으로 처리하였다. 또한 기둥 위 주심도리를 중심에서 공포 바깥쪽으로 2개의 가락(외 2출목)을 낸 점, 내부에 다시 2줄로 큰 기둥을 세워 대들보를 받치도록 한 점, 건물 앞뒤 양쪽 끝칸(퇴칸)에 퇴보를 둔 점은 모두 지붕의 무게를 분산시키고자 한 것이다.

장대한 건물의 지붕 측면을 박공모양으로 처리 한 후 그 밑을 잇고 지붕 면을 처마까지 경사지게 이음으로써 '八' 자와 비슷하게 만든 팔작 지붕은 건물의 격을 한층 높이고 있다.

또한 대들보는 용의 형상을 나타내고자 했으며 색이 바래기는 했지만 정성스럽게 단청한 흔적이 남아있다.

순종 5년(1911) 여수공립보통학교를 시작으로 일제 강점기에는 여수중학교와 야간상업중학교로 사용되다가 해방 후 여러 차례 보수를 거쳐 오늘에 이르고 있으며, 1953년 진남관 보수 공사 도중 1718년 이제면 수사가 쓴 현판이 발견되었다.

1959년 5월 30일 보물 제 324호로 지정되었다가 2001년 4월 17일 그 중요성과 가치가 인정되어 국보 제 304호로 지정되었다.

●●● 통제이공수군대첩비(보물 제571호)

여수시 고소동에 소재한 고소대터의 정자형 비각안에 통제이공수군대첩비, 타루비가 나란히 세워져 있다. 대첩비는 귀부, 비신, 이수의 3부작을 잘 갖춘 것으로 기단과 귀부가 1매의 돌로 되었다. 귀부에는 세장한 다리와 형식적인 머리, 그리고 등에는 육갑문이 표현되었다. 그 위에 장방형의 비좌를 마련하여 비신을 세우고 이수를 얹었다.

비신 상단에는 "통제이공수군대첩비"라 전액되었고, 비제는 "유명조선국정헌대부행 전라좌도수군절도사 겸 충청전라경상 삼도수군통제사 증효충장의 유곡협도 선무공신광보

국숭록 대부 의정부 좌의정 겸령 경연사덕풍부원군일 충무 이공수군대첩비명병서"이다. 이수는 하면에 연화문이 장식 되었고 전면은 중앙에 여의주를 중심으로 2마리의 용이 구 름에 둘러 쌓인 채 다투는 형상이다. 후면은 구름무늬와 꽃 무늬가 조식되었고 맨 위에는 꽃무늬 보주가 있다.

이 비는 이충무공의 부하로 있다가 전라좌수사, 황해병사 를 지낸 유연이 돌을 보내 김상용이 전을 쓰고 이항복이 이 비문을 지었으며, 비문은 김현성이 새겼다.

타루비는 1603년에 세워진 것으로 부하들이 장군의 덕을 추모하여 세운 것이다.

●●● 군장(軍藏)

임란 때 이순신과 이대립장군이 진을 쳤다고 한다.(적량동)

●●● 적량(積糧)

임란 때 식량을 비축하여 두었던 곳이라 한다.(적량동)

●●● 둔전(屯田)

이 충무공이 임란 이듬해에 영암지방의 수많은 피난민들을 이곳으로 이주시킨 뒤 농사를 짓게 하여 둔전이란 이름이 생 겼다.(돌산읍 둔전리)

●●● 배무시

임란 때 이곳에서 배를 만들었다 한다.(낙포동)

●●● 망마산(望馬山)

왜적이 오는가를 보고 군사를 훈련시키는 곳이라고 해서 망마산이라고 한다.(시전동)

●●● 선소(船所)

선소는 이순신이 뛰어난 조선 기술(造船技術)을 지닌 나대용(羅大用) 장군과 함께 거북선을 만든 곳으로 알려져 있는데, 거북선은 여수 지역에 있던 본영 선소, 순천부 선소 및 방답진 선소 세 곳에서 건조된 것으로 추정하고 있다.

난중일기(亂中日記, 1592)에 의하면 순천부 선소는 임란 전에 생겨 임진왜란 중 전라좌수영 관하 순천부의 수군 기지로 사용되었음이 확실하나 만들어진 연대는 확인할 수 없다.

선소

방진답 선소

여지도서(輿地圖書, 1760)에 "輿地圖書 長生浦 在府東六十里 本府戰船所泊"라는 기록과 같은 책 순천부 지도에 현재 선소 자리에 '船所' 라는 표시가 있는 것으로 보아 순천부 선소는 장생포에 있고 장생포는 선소가 있는 포구를 가리키고 있다. 또한, 규장각에 소장된 「順天府 古蹟(1871)」 고지도에는 현 위치에 '船所' 라고 표기하고 「自邑東距六十里 」라는 路程을 기록하고 있으며 長城마을도 나타나 있다. 또 이 지도에 나타난 선소 시설로는 선소창(船所倉), 수군기(水軍器)가 있을 뿐 구전되어 온 세검정(洗劍亭)은 보이지 않고 바다에 전선 2척이 그려져 있다.

현재 돌산읍 최남단 군내리에 위치한 방답진 소재 선소는 '굴강(掘江)' 등의 복원된 유적에서 그 모습을 볼 수 있다. 방답진에서 건조된 거북선은 임진년 해전에도 참여를 하였으므로, 임란직전에 이곳 방답진선소에서 거북선이 건조되었을 것으로 보인다.

●●● 둔병도(屯兵島)

조선 수군의 은신 주둔지였다.(화정면 조발리)

●●● 꽃섬(上花島, 下花島)

임란시 군사들에게 여자 옷을 입혀 왜군을 유인하였다해서 꽃섬이라고 한다.(화정면 상화리, 하화리)

　돌산읍 굴전리 무슬부락 동쪽에 있는 대미산(359m)과 소미산(194m)사이에 있는 제방은 해방 전만해도 밀물 때에는 바다에 잠겨 있다가 썰물이 되면 그 모습을 들어내던 곳인데 이곳을 무슬목이라고 부른다.

　이러한 자연현상을 이용하여 임진왜란이 끝나던 1598년(무술년) 해남 명량해전에서 패주한 일본군들이 돌산해역에 다달았을 때 좌수영 수군들이 일본군들을 무슬목 쪽으로 몰아가니 일본군들은 무슬목 바다 위에 파도가 출렁이는 것을 보고 그쪽으로 가다가 물밑 모래언덕에 좌초되어 낭패를 당했을 때 매복된 아군 3백여 명이 출격하여 적선 60여 척을 격파하였다고 한다. 이때 주민들은 대미산 능선에 많은 바위들을 모아두었다가 굴러내려 배들을 모두 부셔 버렸다. 이 전투를 기념하기 위하여 1598년에 주민들이 전승비를 세우니

무슬목

바로 무술목 전승비다.

  하지만 돌산의 향토 사가들을 만나 물어보니 돌산은 원래 소의 혈을 닮아 여수와 가까운 쪽이 소의 머리 즉 우두(牛頭)리이고 무술목은 무술이 아니고 우슬이니 즉 소의 무릎(牛膝) 즉 우슬목이 옳다고 주장하였다.

  필자는 현지에 가서 대미산과 소미산의 방호가 무술방향인가도 조사해봤지만 그것도 아니고 무술년에 실지로 돌산도 근처에서 전투가 있었다는 전거도 없으니 곤란한 일이다. 문제는 여수와 임진왜란 전투와의 관계를 보여줄 수 있는 난중일기의 무술년 편이 사라져 버렸으니 안타깝고 아쉬운 일이다.

●●● 도독마을

  임진왜란 당시 정유년 정유재란 때 명나라 진인 도독장군이 마을 뒷산에 성을 쌓아 이충무공과 같이 왜군을 물리쳐 마을이름을 장군의 계급을 따라 도독(都督)이라 하였다.

  정유재란이 교착 상태로 전개되면서 일본군은 남해안 일대에 29개의 왜성을 쌓고 조·명연합군과 대치 국면을 전개하고 있을 때인 1598년 9월 도요토미 히데요시가 죽자 일본군은 퇴각 작전을 전개하게 된다.

  이러한 가운데 우리 지역에서는 순천시 해룡면 신성리 왜교성에 고니시 유끼나가(小西行長)가 진을 치고 퇴로를 모색하고 있었으며, 맞은편 검단산성에서는 권율과 유정의 조·명연합군이 진을 치고 있었다.

한편 조선과 명나라의 수군은 9월 20일 이순신이 묘도에 도착하여 묘도의 도독(都督)마을에 조·명 수군연합사령부를 설치하고 왜군의 퇴로를 차단하고 3개월간의 공방전을 전개하는데, 적군의 여러 부대는 11월 11일 철수를 시작하기로 하고 경상도 쪽의 군사들은 모두 성을 버리고 소서행장이 철수하여 오는 것을 기다렸으나 그들이 왜교에서 아군에 의해 귀로를 차단당하여 늦어진 것을 알자 18일 함선 5백여 척을 이끌고 왜교에 있는 왜군을 지원하였다.

1598년 8월 18일 7년 전쟁을 일으킨 도요토미 히데요시는 병으로 죽으면서 "조선을 침략한 병사는 모두 철군하라"는 유언을 남긴다. 이에 따라 순천에 주둔하고 있던 소서행장과 남해의 종의지, 사천의 시마즈는 11월10일에 창선도에 집결하여 철군하기로 약속한다.

11월10일. 종의지와 시마즈는 약속을 지켰으나 소서행장은 조명연합함대에 의해 퇴로가 차단되어 있었다. 이 사실을 안 시마즈군과 종의지군은 함대를 재편성하여 소서행장을 구하

도독마을

기 위해 11월 18일 왜군 함대 500여 척을 이끌고 소서행장의 퇴로를 열기 위해 노량해협을 향하여 출발한다. 이것이 노량해전의 시작이었다. 당시 조명연합 함대의 명나라함대는 관음포 반대편, 이순신함대는 관음포에 주둔, 양 해협을 지키고 있었다.

11월 18일 밤 12시경. 이순신은 원수기 밑에서 청수로 손을 씻고 백단향을 피우고 기도를 올린다. "나라를 위해 적을 섬멸할 수 있다면 죽어도 한이 없겠나이다." 11월 19일 새벽2시부터 전투가 시작됐다. 이순신함대의 뛰어난 전술로 왜선 200여 척이 격파됐다. 왜선 50여 척은 도망을 가고 나머지 함선은 관음포에서 퇴로가 차단되어 최후의 발악을 하던 중이었다. 이순신은 퇴각하던 왜군이 쏜 총에 맞아 서거했다.

도독(都督)마을은 일제시대에는 그 의미를 왜곡(歪曲) 시키려는 나쁜 뜻으로 도독(盜毒)이라고 표기하기도 했었다.

●●● 종고산(鐘鼓山)

높이 199m 여수시의 진산(鎭山)의 산정에는 임진왜란 때 전라좌수사 이순신(李舜臣)이 왜적을 물리치고 돌아와서 세웠다고 하는 보효대(報效臺)와 북봉연대(北峰烟臺)라는 봉수대가 있다. 비가 오지 않을 때는 이곳에서 주민들이 기우제를 지냈다고도 한다. 산의 명칭은 이순신이 한산도대첩(閑山島大捷)을 거두던 날 이 산이 북소리 같기도 하고 종소리 같기도 한 소리를 연 사흘 동안이나 내는 것을 보고 명명하였다고 한다.

●●● 갑의산(甲依山)

소라면 봉두리 2구에 가면 봉두 북쪽에는 해발 265m의 갑의산이 있다. 이순신이 노량 앞바다에서 대승을 거두고 돌아와 좌수영으로 귀영할 때 이곳까지 마중 나온 부하들로부터 피묻은 갑옷을 갈아 입었다하여 갑의산이란 이름이 붙었다고 한다. 그런데 지금은 채석장으로 산이 망가지고 있다.

●●● 안심산

임진왜란 시 의병들의 휴식처였다.(소라면 관기리 1구)

●●● 흥국사 : 보물 제396호

흥국사는 보조국사가 귀족 사회의 모순으로 문란해졌던 사회 기강과 세속의 잘못된 흐름에 대해 좌표를 설정해 주지 못했던 당시 불교를 비판하면서, 정혜 결사(定慧結社)를 통해 승가와 사회가 가야할 길을 제시함으로써 국가가 바로 되고 불교 본연의 자세로 돌아갈 것을 염원하여 고려 명종 25년(1195) 세운 사찰이다. 원래 절은 조선 선조 30년(1597년) 정유재란으로 소실되었고 인조 2년(1624) 계특대사가 중건하였다.

흥국사가 위치한 곳은 백두대간 끝자락 지리산으로부터 여수로 뻗어 내린 산줄기 가운데 한 갈래로 진례산과 영취산 등 여러 봉우리가 마치 연꽃이 감싸고 도는 듯한 형상이며,

영취·진례 두 봉우리를 기점으로 자내리와 정수암 계곡에서 흘러내리는 두 줄기 물줄기가 합해지는 정점이다.

흥국사는 비보 사찰로서 '비보'라고 하는 것은 '돕고 보호한다'는 의미를 지니고 있다. 『흥국사 사적기』에 "불법이 크게 일어날 도량이 될 것이니, 절을 짓고 사찰 이름을 흥국사라고 하라. 이 절이 잘 되면 나라가 잘되고, 나라가 잘 되면 이 절도 잘 될 것이다"라고 하여 국가와 절이 공동 운명체임을 강조하고 '이는 흥국의 비보요 방국의 지보'라 결론지었다.

흥국사는 호국삼부경 가운데 특히 『법화경』의 영향을 많이 받았다. 흥국사를 뒷산 이름부터 법화경이 설법되었던 인도 영취산과 동일시했고, 대웅전에 석가모니 불을 주불로 모셔졌으며, '관음'과 '세지보살'이 협시하고 있어 이를 뒷받침하고 있다.

대웅전의 영산회상도는 석가모니가 인도 영취산에서 설법할 때의 모습으로, 항마촉지인의 석가 불상과 화불, 직계 제자, 보살, 신장 등이 배치되어 있으며, 그 가운데 석가의 방편 분신인 관음보살을 강조하고 있다. 대웅전의 가장 높은 기둥 뒷면 벽화에도, 대웅전 앞에 모시는 괘불 탱화도 서 있는 관음보살을 모셨고, 다시 원통전에 염불 주력할 수 있는 공간을 만드는 등 조선 중·후기에 와서는 더욱 법화 신앙화되었다. 이러한 자비의 화신인 관음보살을 주장한 것은 시대 상황을 반영한 것이라 할 수 있다. 중생의 고통을 덜어 주자고 하는 것이 보살, 특히 관음보살의 원력이므로 왜란, 호란 등 전쟁 와중에서 고통받는 민족을 구제하는데 정적인 수행

보다는 자비의 실천이 중요하므로 의승 수군들의 호국 신앙
으로 적절하였을 것이다.

임진왜란과 관련하여 주목되는 것은 흥국사 소속 승려들의
활동이다. 특히 승병장 표호별도장 삼혜는 기암대사와 함께
흥국사에서 승군 300여 명을 양성하였는데 임진왜란 때에
많은 활약을 하였고 정유재란 때 기암대사는 이순신을 도와
싸우다가 1598년 노량해전에서 전사하였다.

이에 선조는 자운보국선장"의 시호를 내리고, 백미 600석
을 하사하여 위령제를 지내도록 하였다고 한다. 이순신은 자
주 흥국사 공북루에 올라 대궐을 향해 '망궐례' 를 행하였고
1593년에 친히 "봉황루"의 현판을 써서 걸었는데 1972년 보
수공사중 이 현판이 발견되었다고 한다.

이순신의 해전

출전	횟수	해 전 명	조선수군 출동병력	일본군	전 과	비 고
1차 1592	1 2 3	옥포해전(5.7) 합포해전(5.7) 적진포해전(5.8)	이순신 85척(판옥선 24, 협선 15, 포작선 46) 원균 : 6척(판옥선 3, 협선 3)	26여 척 5척 13척	26척 5척 11척(2척 도주)	
2차 1592	4 5 6 7	사천해전(5.29) 당포해전(6.2) 당항포해전(6.5) 율포해전	이순신 : 23척(판옥선) 원균 : 3척 이순신 : 23척 (판옥선21, 거북함2) 원균 : 3척 이억기 : 25척	13척 21척 26척 7척	13척 21척 26척 7척	
3차 1592	8 9	한산도 해전(7.8) 안골포 해전(7.10)	이순신 : 24척 (판옥선21, 거북함3) 원균 : 7척 이억기 : 25척	73척 42척	47척 격침 12척 나포 42척 격침	
4차 1592	10 11 12 13 14 15	장림포 해전(8.29) 화준구미해전(9.1) 다대포해전(9.1) 서평포해전(9.1) 절영도해전(9.1) 부산포해전(9.1)	이순신 · 이억기 : 166척 (협선92척 포함) 원균 : 7척	30여 명 6척 5척 8척 9척 2척 470척	도주 6척 불태움 5척 격침 8척 격침 9척 격침 2척 격침 128척 격침	전사6명 부상25명
5차 1593	16	웅포해전(2. 1)	이순신 : 42척 이억기 : 40척 원균 : 7척	40척	왜균 100명 사살	통선 2척 전복
6차 1594	17	당항포해전(3. 4)	이순신 · 이억기 : 110척 원균 : 14척	50여 척	31척 격침	아군 피해 없음
7차 1594	18 19	1차 장문포 해전(9.29) 2차 장문포 해전(10.4)	삼도수군 : 50여 척	117척	2척 격침 일방 공격	아군 피해 없음 아군 피해 없음
8차 1597	20 21 22	어란진 전투(8.27) 벽파진 전투(9.7) 명랑해전(9.16)	이순신 · 김억추 : 12척 이순신 · 김억추 : 13척	8척 13척 333척	도주 도주 31척 격침	전사2명 부상2명
9차 1598	23	노량해전(11.18~19)	삼도수군 : 83척, 17,000여 명 명나라 전선 : 63척 명나라수군 : 2,600여 명	500여 척	200여 척 격침 수급 500여 개 50척 도주	이순신장군 전사 전사 10명 부상 2명

이순신의 생애사

1545년(인종 1)

3월 8일(양4월 28일), 1세 ㅣ 서울 건천동에서 덕수 이씨의 12대손으로
태어남(현재 서울특별시 중구 인현동 1가 부근)

1552년(명종 8)

8세 ㅣ 어머니의 고향인 충청도 아산군으로 이사함

1565년(명종 20)

21세 ㅣ 보성군수 진의 딸 상주 방씨와 결혼함

1567년(명종 22)

2월, 23세 ㅣ 맏아들 회 출생

1571년(선조 4)

2월, 27세 ㅣ 둘째 아들 울 출생

1572년(선조 5)

8월, 28세 ㅣ 훈련원[1] 별과[2]에 응시하였으나 시험 도중 말에서 떨어져 왼
쪽 다리를 다쳐 실격함

1576년(선조 9)

2월, 32세 | 식년무과[3]에서 병과에 합격함

12월 | 함경도 권관[4]의 직책으로 국경수비대의 임무를 맡음

1577년(선조 10)

2월, 33세 | 셋째 아들 면 출생

1579년(선조 12)

2월, 35세 | 한성으로 돌아와 훈련원의 봉사[5]가 됨

10월 | 충청도 병마절도사[6]의 군관이 됨

1580년(선조 13)

7월, 36세 | 전라좌수영 관내에 있는 발포[7]에서 부대장격인 수군만호
가 됨

1582년(선조 15)

1월, 38세 | 군기 경차관(조사관)인 서익이 발포에 와서 군기를 보수하
지 않았다고 상부에 보고하여 수군만호[8]에서 파직됨

5월 | 함경도 훈련원 봉사로 재임용됨

1583년(선조 16)

7월, 39세 | 함경도 병마절도사인 이용 휘하의 군관이 됨

11월 | 여진족 토벌에 공을 세워 훈련원 참군[9]으로 승진함

11월 15일 | 아버지 이정의 사망으로 인해 관직을 쉬고 충청도 아산에서
3년상을 치름

1586년(선조 19)

1월, 42세 | 사복시 주부[10]에 임명됨사복시

1월 | 여진족의 침략으로 인해 16일 후 함경도 조산보[11] 만호로 천거됨

1587년(선조 20)

8월, 43세 | 함경도 두만강 부근에 위치한 녹둔도의 둔전관[12] 을 겸임함

8월 | 여진족의 기습을 받게 되어 격퇴하였으나 이일의 무고로 파직되
어 백의종군[13]함

1588년(선조 21)

6월, 44세 | 충청도 아산군 백암리로 낙향

1589년(선조 22)

2월, 45세 | 전라도 감사 이광 휘하의 조방장[14]이 됨

12월 | 전라도 정읍현감이 됨(태인현감[15]을 겸무함)

1591년(선조 24)

2월, 47세 | 진도 군수[16]로 임명되나 부임전 가리포 수군첨사로 전임 발
령됨

2월 13일 | 전라좌도 수군절도사[17]로 승진하고 얼마 후 전라좌수영에 부
임함

1592년(선조 25)

4월 13일, 48세 | 임진왜란 발발

5월 7일 | 옥포[18]해전 승리

5월 8일 | 적진포해전 승리. 가선대부[19]로 승진

5월 29일 | 거북선의 활약으로 사천해전 승리. 왼쪽 어깨에 적의 탄환
　　　　　을 맞아 부상당함

6월 2일 | 당포[20]해전 승리. 자헌대부로 승진

6월 5일 | 당항포[21]해전 승리. 기밀문서인 일본 수군편성표를 노획함

6월 7일 | 율포[22]해전 승리

7월 8일 | 한산도해전에서 적선 59척을 격파하였으나 조선군은 4척만
　　　　　불타는 대승을 거둠. 정헌대부[23]로 승진

7월 12일 | 안골포[24]해전에서 이억기와 수륙작전을 펼쳐 승리함

8월 24일 | 여수를 출발해 전장으로 나감

9월 1일 | 부산포해전 승리

1593년(선조 26)

7월 15일, 49세 | 본영을 여수에서 한산도로 이동함

8월 15일 | 삼도수군통제사[25]로 임명됨

1594년(선조 27)

3월 4일~5일, 50세 | 당항포해전에서 적선 31척을 격파함

9월 29일~1일 | 장문포[26]해전에서 적선 2척을 격파함

10월 1일 | 영등포[27]해전에서 육군과 연계하여 바다와 육지에서 합동 작
　　　　　전을 실시함

1597년(선조 30)

1월, 53세 | 정유재란 발발

1월 21일 | 왜군이 거짓으로 꾸민 밀서를 그대로 믿은 조정에서 출동 명

령을 내리나 이를 어기고 출동하지 않음

1월 27일 | 삼도수군통제사에서 파직됨

2월 24일 | 한성으로 압송됨

3월 4일 | 모진 고문을 받고 옥에 투옥됨

4월 1일 | 투옥된 지 28일 만에 출옥하여 권율 휘하에서 백의종군함

4월 11일 | 어머니의 사망

7월 15일~16일 | 원균이 이끈 삼도수군이 칠천량해전에서 대패하고 원균 전사함

8월 3일 | 삼도수군통제사로 재임명. 군사 120명과 전선 12척으로 전열을 정비함

8월 29일 | 진도의 벽파진[28]으로 진을 옮김

9월 16일 | 명량해전에서 대승을 거둠. 당사도[29]로 진을 옮김. 셋째 아들 면이 충청도 아산에서 왜군과의 전투에서 전사함

1598년(선조 31)

2월, 54세 | 통제영을 해남 우수영에서 고금도[30]로 이동함

7월 16일 | 명나라의 수군도독 진린이 이끄는 수군 5천명과 합세함

11월 17일 | 노량해협에 왜군의 함대가 출몰함

11월 19일 | 노량해전에서 대승을 거두나 유탄을 맞고 선상에서 전사. 우의정 관직을 받음맏아들 회도 선상에서 전사함

11월 26일 | 일본군 부산포에서 완전 철수함. 전쟁 종결

1599년(선조 31)

2월 11일 | 충청남도 아산 금성산 아래 안장함

1604년(선조 37)

10월 | 선무공신 1등에 녹훈[31]되고, 덕풍부원군으로 추봉되었으며, 좌의
　　　정에 추증[32]됨

1614년(광해군 6)

충청남도 아산시 음보면 어라산 아래로 이장함

1643년(인조 21)

충무라는 시호를 받음

1706년(숙종 32)

충청남도 아산에 현충사 건립

1793년(정조 17)

7월 1일 | 영의정에 추증됨

1795년(정조 19)

《이충무공전서》완성. 규장각 문신 윤행임에 의해 편찬, 간행 됨

1 **훈련원** : 군사들의 인사, 고시, 훈련 등에 관여하는 관청

2 **별과** : 나라의 경사나 특별한 일이 있을 때 임시로 보는 시험

3 **식년무과** : 3년마다 정기적으로 무관을 뽑기 위해 실시한 시험

4 **권관** : 변경의 수비를 맡은 작은 진보에 두었던 종9품의 수장

5 **봉사** : 종8품의 벼슬로 훈련원 내의 최하위직에 속함. 이순신은 인사관계를 주로 담당함

6 **병마절도사** : 각 도의 육군을 지휘하는 책임을 맡은 종2품 무관직

7 **발포** : 전라도 고흥군 도화면 발포리

8 **수군만호** : 수군 조직은 수사 밑에 첨사와 만호라는 직책이 있었음. 만호는 종4품

9 **참군** : 훈련원의 관직으로 정7품

10 **사복시 주부** : 사복시는 궁중의 가마·말·목장 등을 관장한 관청이며, 주부는 사복시에 속한 종6품 벼슬

11 **조산보** : 함경도 경흥군에 있던 보로 국경지대에 위치하여 여진족의 침입이 잦았음

12 **녹둔도 둔전관** : 녹둔도의 농장을 관리하고 개척민을 보호하는 일을 하는 벼슬. 녹둔도는 함경도 선봉군 조산리에 있는 섬으로 두만강 부근에 있어 여진족의 침입이 잦았음

13 **백의종군** : 장졸이 상관의 명령을 어기거나 실수를 했을 경우, 계급을 박탈하고 일개병졸로 강등시킨 다음 평민의 옷인 흰옷을 입고 나라를 위해 싸우게 함

14 **조방장** : 부관에 해당하는 군관의 직책

15 **현감** : 지방행정관청의 장으로 읍장이나 면장 정도의 자리. 지방을 다스리는 수령 중에는 가장 낮은 직책 으로 품계는 종5품

16 **군수** : 각 군의 우두머리로 종4품에 해당하는 지방 관직 가리포 : 지금의 완도

17 **수군절도사** : 각 도 수군을 총지휘하기 위하여 두었던 정3품 외관직 무관

18 **옥포** : 경상도 거제군 이운면 옥포리

19 **가선대부** : 종2품 아래의 직책

20 **당포** : 경상도 통영군 산양면 삼덕리

21 **당항포** : 경상도 고성군 회화면 당항리

22 **율포** : 경상도 거제군 장목면. 밤개라고도 함

23 **정헌대부** : 문·무관에게 주던 직책으로 정2품 위의 직책

24 **안골포** : 경상도 창원군 웅천면 안골리

25 **삼도수군통제사** : 경상, 전라, 충청 3도의 수군을 지휘하고 통솔하는 삼남지방의 수군 총사령관

26 **장문포** : 경상도 거제군 장목면 장목리

27 **영등포** : 경상도 거제군 장목면

28 **벽파진** : 전라도 진도군 고군면 벽파리

29 **당사도** : 전라도 부안군 암태면

30 **고금도** : 전라도 완도군 고금도

31 **녹훈** : 훈공을 장부에 기록함

32 **추증** : 공이 많은 벼슬아치가 죽은 뒤에 나라에서 그의 관위를 높여 주던 일

이순신 레인보우 리더십 사관학교 프로그램

1. 프로그램의 목적
- 이순신의 리더십 배양과 적용
- 이순신의 불굴의 정신 고취
- 이순신의 역사적 가치 인식
- 이순신의 충효정신 습득
- 이순신의 전사의 중요성
- 거북선과 판옥선의 기술력
- 이순신의 난중일기에 나타난 인간성
- 변화와 혁신

2. 소요시간
- 특강 : 2시간
- 일반 : 8시간
- 심화 : 16시간

3. 대상
- 변화와 도전을 원하는 기업체 임직원
- 변화와 도전을 원하는 지자체 공무원
- 변화와 도전을 원하는 일반인

4. 운영방법
- 강사 파견 교육
- 위탁 교육

5. 교육내용(16시간 기준)

단 원	주 요 내 용	교육방법	시간
접수 및 자기소개	접수, 자기 소개		½H
이순신 리더십	이순신 리더십의 가치, 이순신 리더십의 필요성	강의	1H
레드(Red)	이순신의 용기, 이순신의 도전	강의/토의	2H
오렌지(Orange)	이순신의 배려, 이순신의 백성, 부하, 가족에 대한 배려	강의/토의	2H
옐로우(Yellow)	이순신의 지례, 23전 23승의 전술, 거북선과 신무기의 개발	강의/토의	2H
그린(Green)	이순신의 희망, 옥포해전의 의미, 포기와 절망을 희망으로	강의/토의	2H
블루(Blue)	이순신의 믿음, 조정 · 백성 · 부하에 대한 믿음	강의/토의	2H
딥 블루(Deep Blue)	이순신의 비전, 절망은 없다, 비전의 가치	강의/토론	2H
바이올렛(Violet)	이순신의 신념, 한다면 한다, 포기란 없다	강의/토론	2H
실습	강의 실습 및 토의	강의/토론	1H
과정정리/소감 발표	과정의 정리, 소감의 발표, 수료증 수여	발표	½H

6. 교육문의
- 일정과 프로그램은 협의하여 변경이 가능합니다.
- **경상 · 전라권** : Tel. 061-690-2345~6(여수시 평생학습센터)
- **수도권** : Tel. 011-9302-3452(평생교육실천포럼 사무총장 주동하)
- **홈페이지** http://edupia.yeosu.go.kr

이순신 레인보우 리더십 사관학교 체험학습 프로그램

1. 프로그램의 목적
- 세계적 도시로 성장하기 위한 문화컨텐트로 부각   • 여수의 대표적인 체험학습으로 부각
- 상시 체험학습 강사 양성   • 소년 이순신 응모 기회 제공
- 이순신의 정신과 얼을 이어 받아 차세대 여수지도자로 양성

2. 소요시간
- 1일프로그램 : 5시간30분~6시간 30분   • 2일프로그램 : 12시간~13시간
- 3일프로그램 : 17시간30분

3. 대상
- 유치원 개인 및 단체   • 초등학교 개인 및 단체   • 중학교 개인 및 단체
- 고등학교 개인 및 단체   • 성인 단체

4. 교육내용

가) 1일 프로그램

유 형	일 정	시 간	진 행 사 항
A형 이순신 유적지 견학	09:30~15:00	09:30~10:00	시청앞 집결
		10:00~10:50	진남관 도착 – 진남관 설명 – 옛날 군복 입어보기, 활쏘기
		11:00~11:50	충민사 도착 – 충민사 관람 – 쓰레기 줍기를 이용한 보물찾기
		12:00~13:00	중식
		13:00~13:50	고소대 도착 – 고소대 설명 – 이순신 삼행시 짓기
		14:00~14:50	선소 도착 – 선소 설명 – 거북선 퍼즐 조립하기
		14:50~15:00	시청 앞 도착 및 해산
B형 이순신 리더십 강의	09:30~16:00	09:30~10:00	접수 – 자기소개 – 아이스 브레이킹
		10:00~10:50	오리엔테이션 – 이순신의 리더십의 필요성
		11:00~11:50	이순신의 도전과 용기 – 이순신의 충과 효
		12:00~13:00	중식
		13:00~13:50	이순신의 지혜 – 이순신의 희망
		14:00~14:50	이순신의 비전 – 이순신의 신념
		14:50~15:00	해산
C형 이순신 현장 체험	09:30~16:00	09:30~10:00	접수 – 자기소개 – 아이스 브레이킹
		10:00~12:00	돌산대교 – 돌산도(향일암, 은적암, 전남해양수산과학관)
		12:00~13:00	중식
		13:00~14:00	오동도 관광 체험
		13:30~16:00	거북선 관람 – 유람선 탐승 – 다도해 해상 국립공원(금오도, 안도, 연도해안)
		16:00	해산

나) **2일 프로그램**

유 형	일 정	시 간	진 행 사 항
A형 이순신 리더십 + 이순신 유적지 견학	1일차	09:30~10:00	접수 – 자기 소개 – 아이스 브레이킹
		10:00~10:50	오리엔테이션 – 이순신의 리더십의 필요성
		11:00~11:50	이순신의 도전과 용기 – 이순신의 충과 효
		12:00~13:00	중식
		13:00~13:50	이순신의 지혜 – 이순신의 희망
		14:00~14:50	이순신의 비전 – 이순신의 신념
		14:50~15:00	폐 회
	2일차	09:30~10:00	접수 – 자기 소개 – 아이스 브레이킹
		10:00~12:00	돌산대교 – 돌산도(향일암, 은적암, 전남해양수산과학관)
		12:00~13:00	중식
		13:00~14:00	오동도 관광 체험
		13:30~16:00	거북선 관람 – 유람선 탐승 – 다도해 해상 국립공원(금오도, 안도, 연도해안)
		16:00	해산
B형 이순신 리더십 + 이순신 현장 체험	1일차	09:30~10:00	접수 – 자기 소개 – 아이스 브레이킹
		10:00~11:00	오리엔테이션 – 이순신의 리더십의 필요성
		11:00~11:50	이순신의 도전과 용기 – 이순신의 충과 효
		12:00~13:00	중식
		13:00~13:50	이순신의 지혜 – 이순신의 희망
		14:00~14:50	이순신의 비전 – 이순신의 신념
		14:50~15:00	해산
	2일차	09:30~10:00	시청앞 집결
		10:00~10:50	진남관 도착 – 진남관 설명 – 옛날 군복 입어보기, 활쏘기
		11:00~11:50	충민사 도착 – 충민사 관람 – 쓰레기 줍기를 이용한 보물찾기
		12:00~13:00	중식
		13:00~13:50	고소대 도착 – 고소대 설명 – 이순신 삼행시 짓기
		14:00~14:50	선소 도착 – 선소 설명 – 거북선 퍼즐 조립하기
		14:50~15:00	시청앞 도착 및 해산

일 정	시 간	진 행 사 항
1일차	09:30~10:00	접수 – 자기 소개 – 아이스 브레이킹
	10:00~11:00	오리엔테이션 – 이순신의 리더십의 필요성
	11:00~11:50	이순신의 도전과 용기 – 이순신의 충과 효
	12:00~13:00	중식
	13:00~13:50	이순신의 지혜 – 이순신의 희망
	14:00~14:50	이순신의 비전 – 이순신의 신념
	14:50~15:00	해산
2일차	09:30~10:00	시청앞 집결
	10:00~10:50	진남관 도착 – 진남관 설명 – 옛날 군복 입어보기, 활쏘기
	11:00~11:50	충민사 도착 – 충민사 관람 – 쓰레기 줍기를 이용한 보물찾기
	12:00~13:00	중식
	13:00~13:50	고소대 도착 – 고소대 설명 – 이순신 삼행시 짓기
	14:00~14:50	선소 도착 – 선소 설명 – 거북선 퍼즐 조립하기
	14:50~15:00	시청앞 도착 및 해산
3일차	09:30~10:00	접수 – 자기 소개 – 아이스 브레이킹
	10:00~12:00	돌산대교 – 돌산도(향일암, 은적암, 전남해양수산과학관)
	12:00~13:00	중식
	13:00~14:00	오동도 관광 체험
	13:30~16:00	거북선 관람 – 유람선 탐승 – 다도해 해상 국립공원(금오도, 안도, 연도해안)
	16:00	해산

4. 특전
- 이순신의 리더십 사관학교 체험학습 수료증 수여 • 소년 이순신 선정 자격 및 가산점 부여

5. 기대효과
- 이순신의 리더십 습득으로 차세대 지도자 육성 • 이순신의 충과 효사상 고취
- 실제적인 이순신 리더십의 학습과 실행 • 세계 최고의 해전영웅으로서 이순신에 대한 인지

6. 교육문의
- 일정과 프로그램은 협의하여 변경이 가능합니다.
- Tel. 061–690–2345~6(여수시 평생학습센터)
- **홈페이지** http://edupia.yeosu.go.kr